Jessy Wellmer

DIE NEUE
ENTFREMDUNG

Jessy Wellmer

DIE NEUE ENTFREMDUNG

Warum Ost- und Westdeutschland
auseinanderdriften und was wir
dagegen tun können

Kiepenheuer & Witsch

Meinen Eltern
und meinen Kindern

INHALT

VORWORT

»Sag mal, Jessy, muss das echt sein, ein Buch über den Osten? Ist das überhaupt noch ein Thema, das Ost-West-Verhältnis? Gibt's nicht größere gesellschaftliche Herausforderungen? Denk doch bloß mal an die gewaltigen Flüchtlingsströme, die kommen werden. Da geht es um Millionen Menschen! Und du kommst mit den Ossis.«

Tja, ich komme mit den Ossis. Das sind ja schließlich auch Millionen, oder? Aber die Muss-das-echt-sein-Frage höre ich ziemlich oft, und gar nicht mal von den Jungen, die sind bei dem Thema oft viel aufgeschlossener. Ich höre es von den Älteren. In diesem Fall beim Abendessen mit Freunden. Mein Gegenüber ist Mitte fünfzig und kommt aus dem Ruhrpott. Er meint es gut mit mir und meinen Arbeitsprojekten, ist interessiert, aber seine Aufmerksamkeit für Ostfragen ist schon lange erschöpft.

Ist doch aus seiner Sicht auch schon alles längst gesagt: Viele im Osten machen mittlerweile ganz gut mit, und ein paar sind eben von vierzig Jahren DDR verstrahlt und schieben Frust, weil sie nie richtig angekommen sind in der Demokratie. Deshalb wählen sie auch AfD. Die größeren Universitätsstädte im Osten kann man gut bereisen, schon auch alle nach was aus, aber trotzdem: Die eigenen Kinder gehen da nicht hin, die studieren in Heidelberg und Amerika.

Und man muss im Westen nun wahrlich kein Mathias Döpfner sein, um sein Ost-Fenster schön verschlossen zu halten. Das geht in unterschiedlichen Abstufungen auch vielen, wenn nicht den meisten anderen so.

Nun ist diese Sicht der Dinge jetzt noch kein Problem, das mich groß interessieren müsste. Ich könnte es halten wie mein Freund Tim, der aus der Naumburger Gegend stammt: »Wenn sich schon alle anderen Ossis immer mit dem Osten beschäftigen, dann muss ich das nicht auch noch tun.« Ich könnte alles, was im Osten passiert oder eben nicht passiert, schön an mir abperlen lassen. Als die damals sechsundzwanzigjährige Jana Hensel vor mehr als zwanzig Jahren *Zonenkinder* veröffentlichte, interessierte sich die zweiundzwanzigjährige Jessy nicht die Bohne dafür. Das war damals einfach nicht mein Thema. Später habe ich das Buch für die Uni gelesen, ohne dass es mich sehr bewegt hätte – obwohl vieles von dem, was mich heute beschäftigt, bei Hensel schon angesprochen wurde. Und ich könnte immer noch sagen: Ihr habt ja recht, ist eben schwierig mit den Ossis. Aber was geht's mich an?

Ich habe meine Heimat Mecklenburg-Vorpommern verlassen, als ich mit dem Abi fertig war. Ich lebe und arbeite fast ausschließlich im Westen und mit Westdeutschen. Ich bin stolze Verfechterin der freiheitlich-demokratischen Grundordnung, fühle mich mit ganz wenigen Ausnahmen zu Hause in der westlichen Kultur. Okay, ich kann keine Asterix-Comics zitieren, aber das kann im Westen schließlich auch nicht jede. Ich bin beruflich erfolgreich, habe die Welt – vor allem in Richtung Westen – bereist, bin selten auf die Nase gefallen, und wenn, dann wirklich nicht, weil ich ostdeutsch bin.

In Wahrheit ging's mir lange ähnlich wie dem Freund, für den das Ostthema irgendwie durch ist.

Und das Thema *ist* doch eigentlich durch. Für mich ohnehin, aber auch für die meisten Älteren aus der ehemaligen DDR. Ich kenne viele Menschen aus der Generation meiner Eltern, denen es drei Jahrzehnte nach der Wiedervereinigung gut geht. Sie sind jetzt in Rente, machen Reisen, treffen Freunde – manche spielen sogar Golf. Lange Jahre waren das Ende der DDR, die damit verbundene Unsicherheit und die schmerzhaft erlebten Demütigungen der ersten Zeit nach der Wiedervereinigung Themen unserer Gespräche. Auch meine Eltern haben mit dem Westen gefremdelt. Aber mein Eindruck war: Es kehrt Frieden ein. Die Tochter macht Karriere, die Enkel gedeihen, Teneriffa ist im Winter sehr angenehm, und selbst dieser westdeutsche Schwiegersohn ist eigentlich ganz in Ordnung – auch wenn er immer ein bisschen viel redet.

Doch der Frieden ist zu Ende. Und zwar buchstäblich. Mit dem Überfall Russlands auf die Ukraine im Februar 2022 und den daraus folgenden wirtschaftlichen Unsicherheiten ist etwas aufgebrochen, das ich für geheilt hielt. Viele im Osten nehmen diesen Krieg und die moralische Haltung des Westens persönlich, aber auf eine Weise, die ich nicht erwartet hätte. Sie werten die Ächtung der russischen Aggression, der Expansions- oder Restaurationspolitik Putins als Angriff auf sich, auf ihre »Ostidentität«. Plötzlich finde ich mich in Diskussionen verwickelt, in denen es um den angeblich imperialistischen Charakter der NATO geht.

In denen die Osterweiterungen der Europäischen Union und der NATO als aggressive Akte gegen Russland gewertet werden, die eine »Abwehrreaktion« Russlands verständlich erscheinen ließen. Plötzlich ist *der Westen* nicht Teil des eigenen Landes, mit dem einen zugegebenermaßen eine schwierige Geschichte verbindet, sondern man fühlt sich dem Westen (erneut) gar nicht zugehörig. Die Liebe zu Russland, die ich jetzt bei vielen spüre, eröffnet vielleicht sogar eine scheinbar rationale Möglichkeit, sich vom Westen abzugrenzen. Und einige denken und sagen auch: Der Westen tut den Russen unrecht, so wie der Westen uns Ostdeutschen nach dem Mauerfall unrecht getan hat.

Die politisch, soziologisch und menschlich so wahnsinnig interessante und bewegende Geschichte der Wiedervereinigung erfährt einen für mich unerwarteten und heftigen Rückschlag. Was passiert, wenn Hunderttausende, vielleicht sogar Millionen Ostdeutsche sich aus der berühmten »Mitte der Gesellschaft« verabschieden, in der sie gerade angekommen waren, und sich an die politisch extremen Ränder begeben? Was bedeutet das für die Zukunft? Woher kommt der Frust, den ich auch in meinem eigenen Umfeld wahrnehme? Und wie kann man ihm begegnen? Das will ich mit diesem Buch erkunden.

Meine Antwort auf die Frage, ob das wirklich ein gesellschaftliches Problem in unserem Land ist, lautet nämlich: Ja, meiner Meinung ist es das. Es geht nicht nur um ein paar Tausend, die man im Fernsehen auf den Demos im Osten sieht. Es geht um die Unzähligen, die zu Hause am Küchentisch sitzen und sagen: Wir lassen uns vom Westen nichts mehr vormachen. Jetzt ist mal Schluss.

Ich will nicht dabei zusehen, wie sich viele, auch aus meinem Bekanntenkreis, zurückziehen in *ihre* Realität, wie sie sich abkapseln – auch von mir. Dass viele bereits auf dem Weg sind, habe ich unter anderem in all den Gesprächen gehört und gespürt, die ich für meine ARD-Dokumentationen geführt habe. Ich habe dabei ganz verschiedene Menschen getroffen, um mit ihnen über die Ostdeutschen, ihr Verhältnis zu Russland und zum Westen zu sprechen – Verwandte, Freunde, Politiker, Menschen auf einer Demo montags in Dresden. Ich habe sie alle ausreden lassen. Ich bin mir bewusst, dass es manchem schon falsch erscheint, wenn ich den Leuten, die sich nicht gehört fühlen, einfach mal zuhöre – und das dann auch noch gesendet wird. Ich teile selbst viele Argumente nicht, die da geäußert werden, aber ich will verstehen, was eigentlich los ist.

Irgendwie gehöre ich nicht mehr dazu, bin aber wie viele Gleichaltrige trotzdem noch Teil des Ostens. Wir stehen zwischen dem alten und dem neuen System, sind offen für die Erzählungen und Erfahrungen unserer Eltern- und Großelterngeneration, sammeln aber längst eigene Erfahrungen. Wir emanzipieren uns von der DDR-Vergangenheit unserer Vorfahren, verwalten das Erbe aber noch mit und begleiten die Älteren beim Übergang. Dieser Vorgang ist eben nicht abgeschlossen.

Das ist alles gar nicht so einfach, für mich ist es ein fortlaufender Prozess und auch ein ewiges inneres Hin und Her. Wie weit reicht mein Verständnis für DDR-Romantik, wie weit meine Empathie, wenn mir Menschen erklären, warum sie sich damals zum SED-Staat bekannt haben und heute immer noch oder wieder der Meinung sind, dass das alles gar nicht so falsch war? Es ist ein ständiges Abwägen von Für und Wider, und ich ringe mit der Komplexität der Erfahrungen und Gefühle, dem Knäuel aus Sehnsucht und Melancholie, Hoffnung und Unsicherheit, Verbitterung und Resignation.

Ich schreibe dieses Buch, um einen Beitrag zur Wiedervereinigung zu leisten. Klingt ganz schön großspurig, ich weiß, aber sollte es nicht einen Versuch wert sein? Ich will, dass nicht weiter gespalten wird zwischen Ost und West, will niemanden verurteilen, ich will sehen, was sich tun lässt – im besten Fall vermitteln zwischen zwei Seiten, die zusammengehören und doch noch immer so sehr für sich stehen. Das ist ja sowieso mein Lebensthema: zu Hause am Esstisch meiner Eltern oder in den Küchen und Wohnzimmern von Freunden erklären, *wie der Westen tickt*, und in der Kölner oder Hamburger Redaktion und bei den Münchner Verwandten erzählen, *was mit den Ossis los ist*. Immer, immer wieder … Ich bin schließlich auf beiden Seiten zu Hause: 1979 in Güstrow in Mecklenburg geboren und aufgewachsen, seit dem Studium mehr im Westen unterwegs, mit einem Westdeutschen verheiratet, zwei Charlottenburger Kinder. Bei den meisten meiner *Westkontakte* erlebe ich immer noch großes Desinteresse und ganz viel Unverständnis für die Ostbefindlichkeiten und Ostdenkweisen. Manchmal in ganz banalen Zusammenhängen. Eine westdeutsche Freundin fragte mich vor einigen Jahren, ob ich bei allen Preisen eigentlich immer noch in DDR-Mark umrechnen würde. Das hat mich echt umgehauen, weil ich die Vorstellung absurd fand, viele, viele Jahre nach der Währungsunion irgendwie immer noch in einer Ostgeld-Welt zu leben. Das war wirklich schräg, aber es hat mich nicht verletzt.

Als die Mauer fiel, war ich neun Jahre alt. Meine Eltern sind gleich am Sonnabend, zwei Tage nach Maueröffnung, nach Schulschluss mit mir losgefahren, von Güstrow nach Hamburg zur entfernten Verwandtschaft. Am Grenzübergang Zarrentin haben die Leute mir Kinderriegel und Bananen durchs Autofenster gereicht. Und ich weiß noch heute, wie peinlich mir das war. In Hamburg war es grau an diesem Sonnabend, die Geschäfte waren geschlossen. Nichts sah so aus wie in den Westprospekten, die wir damals zu Hause Hunderte Male vor und zurück durchgeblättert hatten. Die Westverwandtschaft ging mit mir auf den Dom, den großen Hamburger Jahrmarkt. Die Zuckerwatte schmeckte nicht wie zu Hause auf dem Rummel. Später, im Tankstellenshop, der einem Freund der Verwandten gehörte, durfte ich mir alles aussuchen, was ich wollte. Ich packte eine Tüte Gummibärchen und ein kleines Plüschtier in den Plastikbeutel. Der Tankstellenbesitzer nahm mir den fast leeren Beutel ab, ging noch einmal durch den Laden, stopfte alles rein, was reinpasste, und drückte ihn mir in die Arme. Ich war erschöpft, als ich wieder in meinem DDR-Kinderzimmer zu Hause in Güstrow saß.

Wie muss es da erst meinen Eltern gegangen sein? Jahrgang 1953, volle Kanne DDR-Generation, zum Mauerfall Mitte dreißig – mitten im Leben. Und auf einmal änderte sich alles komplett, mehr oder weniger von einem Tag auf den nächsten. Viel Schönes, Neues, Buntes, aber auch vieles, das plötzlich nicht mehr da war: Freunde, die von jetzt auf gleich in den Westen abzischten. Jobs, die sich auflösten oder radikal veränderten. Der schlagartige Wegfall des vertrauten Angebots im Konsum, im Einzelhandel der DDR. Eine ganze Lebenswelt wurde durch eine neue ersetzt.

Und passend dazu auch die Weltsicht? Was ein Leben lang richtig war, war plötzlich falsch. Das Gut-Böse-Schema hatte sich um 180 Grad gedreht, und das, was gestern noch galt, sollte heute nicht mehr richtig sein. Für viele war der Sozialismus, das Wirken im Kollektiv, tatsächlich wichtiger als die Bedürfnisse jeder und jedes Einzelnen. Das war verbunden mit dem Gefühl, auf der richtigen Seite geboren zu sein – *Wir im Sozialismus wollen das Richtige, und gemeinsam schaffen wir das. Die imperialistischen Amerikaner werden Augen machen, der Westen wird staunen, der Kapitalismus alt aussehen.* Diese Überzeugung gab es trotz Mangelwirtschaft, Verfall, Staatssicherheit und Mauer. Aber plötzlich war diese Überzeugung eine gescheiterte Ideologie, ein Irrtum der Geschichte.

Seine Heimat zurückzulassen und sich neu zu erfinden – das kann gut gehen, wenn man das Alte sowieso abgelehnt hat, die Veränderungen nicht wehtun. Aber viele haben Schmerzen, die sie nicht loswerden. Sie fühlen sich nicht angenommen. Der Westen hat doch immer alles besser gewusst, nie auf Augenhöhe mit dem Osten gesprochen. Und jetzt, wenn es um Russland, um Gut und Böse, geht, weiß er es wieder besser, und wieder sollen sich die im Osten einfach so anpassen und mitmachen. Das wollen sie aber nicht. Und sie wollen auch nicht für das Handeln des Westens in Mithaftung genommen werden.

In die Russlandfreundlichkeit mischt sich manchmal auch eine Russlandangst. Dass sich nämlich der Konflikt ausweiten und auf Deutschland übergreifen könnte – dieser Konflikt, den man nicht als seinen eigenen betrachten will. Ich bin diesen Sorgen in Sachsen begegnet, wo Menschen fürchteten, als Nachbarn von Einrichtungen der Bundeswehr oder der Rüstungsindustrie ins Visier der russischen Streitkräfte zu geraten.

Jedenfalls sind die alten Wunden aus der Nachwendezeit, die nie ganz verheilt waren, wieder aufgebrochen. Es ist wieder stärker da: das Gefühl, benachteiligt zu werden, Bürger zweiter Klasse zu sein mit geringeren Chancen. 2023 hat es ein Buch darüber über Monate in die deutschen Bestsellerlisten geschafft. Der Literaturwissenschaftler Dirk Oschmann hat dem Frust vieler im Osten Worte und dem Westen die Schuld an der Misere gegeben. Ich denke, er hat eifrig das Gefühl bedient, dass man als Ossi eigentlich gar nicht richtig dazugehört, dass man in unserer Gesellschaft höchstens am Rand, nicht in der Mitte steht. Der Osten erscheine »als Geschwür am Körper des Westens, das ihm dauerhaft Schmerzen bereitet und das er nicht wieder los wird«, schreibt Oschmann.

Viele im Osten glauben nicht mehr an die Demokratie. Vielen im Osten ist aufgrund ihrer Prägung Gleichheit und Sicherheit möglicherweise wichtiger als Freiheit. Hinzu kommt, dass die Erinnerungen an die Freiheitsberaubung und die ideologische Gängelung durch die DDR, an Stillstand und Verfall nach drei Jahrzehnten bei vielen nicht mehr so lebendig sind. »Uns ging es doch gut im Osten ...«, heißt es dann gerne.

Olaf Scholz, der Bundeskanzler, hat mit Blick auf die steigenden Umfragewerte der AfD gesagt, er sei »ganz zuversichtlich, dass die AfD bei der nächsten Bundestagswahl nicht viel anders abschneiden wird als bei der letzten«. Er gab sich da sehr gelassen. Bei mir hingegen wachsen die Sorgen, dass sich im Osten mehr Menschen radikalisieren, dass sich das auch bei den nächsten Landtagswahlen zeigt. Durch Sahra Wagenknechts Parteigründung, die sie ankündigt, während ich an diesem Buch arbeite, ist es schwerer geworden, die Entwicklung abzusehen. Ich fürchte jedenfalls, dass im Osten das Gefühl zunimmt, gar nicht zusammenzugehören mit *diesem Westen,* der *uns Ostler* immer nur als Störfaktor wahrnimmt. Was tun?

Es braucht Aufarbeitung, offene Gesprächskanäle und die Kraft, sich in Bewegung zu setzen – im Osten wie im Westen –, im besten Fall aufeinander zu. Ist das realistisch? Oder ist man, wie viele behaupten, wirklich Opfer seiner Biografie und folglich nicht dazu in der Lage, über die langen Schatten der alten Überzeugungen zu springen?

Und haben wir westdeutsche Ostkinder die Verantwortung und die Möglichkeit, einen anderen, eigenen Weg zu gehen? Oder sind wir verdammt, das Erbe unserer Eltern anzutreten, deren Schmerzen immer wieder nachzufühlen und ihre verletzte Ehre zu verteidigen? Manchmal wird auch mir das zu viel. Manche im Osten haben sich eingerichtet in ihrem Opfersein. Und ich kenne einige aus meiner Generation, die genauso weitermachen, die die Bitterkeit übernommen haben. Ich wollte und will das nicht. Ich wünsche mir, dass die Generation, der ich angehöre, nicht die alten Konflikte weiterkämpft, aber auch das passiert nicht automatisch. Auch daran müssen wir arbeiten.

Ich bin kein Kind der DDR – auch wenn ich dort geboren bin –, aber auch keines der alten Bundesrepublik. Pathetisch könnte man sagen: Ich bin ein Kind des wiedervereinigten Deutschlands. Ich habe viele Fragen. Und ich finde, ein paar Antworten wären wirklich wichtig.

1. WO ICH HERKOMME

Wie meine glückliche Kindheit in
der DDR aussah und was das mit
der Ketwurst zu tun hatte

1986. Ich sitze hinten im Auto. Meine Eltern fahren mit mir
durch die Stadt, und ich stelle mir vor, ich wäre jemand
anderes, ein Mädchen aus Berlin, München, vielleicht sogar
aus New York oder Australien. Ich fahre also in meiner
Fantasie als Angereiste durch diese fremde mecklenburgische Kleinstadt. Was sehe ich da? Was fällt einer Fremden auf, das eine Einheimische nicht mehr sieht? Schönes,
Hässliches, Besonderes? Güstrow, meine Heimatstadt, sehe
ich so durch die Augen anderer Menschen. Zu Besuch in
Güstrow, das war immer mein stilles Spiel – von klein auf.

Ich schätze, ich wollte herausfinden, ob meine Heimat cool genug ist oder doch ein bisschen piefig-peinlich.
Vielleicht lag es auch an meinem eigenen Fernweh, an der
Sehnsucht nach Weite. Ich lebe jetzt mehr als die Hälfte
meines Lebens in Berlin. Ich bereise sehr gerne große
Städte. Je größer, desto besser. Anonymität schreckt mich
nicht. Sie zieht mich an. Ich wollte immer ein Mädchen aus
einer großen Stadt sein.

In Güstrow, dieser stolzen kleinen Stadt, eine gute halbe
Autostunde von Rostock entfernt, mit Renaissanceschloss,

dem *Schwebenden Engel* von Ernst Barlach im Dom und dem Inselsee, bin ich aufgewachsen. Eine kleine Stadt in Ostdeutschland. In meiner Kindheit: eine kleine Stadt in der DDR.

Da ist meine Straße Am Mühlbach mit schlichten dreigeschossigen Klinkerbauten aus den Zwanziger- oder Dreißigerjahren. Eigentlich ganz nett, würde das Mädchen aus München in meiner Vorstellung sagen, zumindest gemütlicher und großzügiger als die Plattenbauten in der Südstadt. Aber auch ganz schön dunkel, sagt die Australierin. Die großen Kastanienbäume klauen den Wohnungen ja das ganze Licht! Recht hat sie. Es war ziemlich dunkel in meinem Kinderzimmer. Ich hätte die stolzen Kastanien trotzdem nicht missen wollen, die gab es in der Südstadt nämlich nicht. Dort allerdings haben die reifen Kastanien im Herbst auch keine fiesen kleinen Beulen in die parkenden Autodächer getrommelt. Nicht in die der Trabbis natürlich – die waren bekanntlich nicht aus Blech, sondern aus Duroplast –, aber in das unseres Skodas oder noch später in das unseres Golfs.

Auch die Enten im Mühlbach vor der Tür mussten sich vor den Kastanien in Acht nehmen. Morgens vor der Schule war ich immer am Bach mit Uta verabredet. Ich auf der einen Seite, der Mühlbachseite, sie auf der anderen, auf der Kastanienstraßenseite. Sie wohnte dort auf der gleichen Höhe. So liefen wir beide plaudernd eine kleine Weile jede auf ihrer Uferseite bis zur Brücke in der Falkenflucht, wo wir zusammenkamen, den Mühlbach hinter uns ließen, um den Weg zur Goetheschule zu bestreiten, deren Gebäude direkt neben dem Schloss steht. Eine Viertelstunde Fußweg, zuerst vorbei am Bäcker in der Falkenflucht, in der es die kleinen, festen Brötchen gab, aus gutem Grund bei uns auch Knüppelbrötchen genannt.

Kastanien, Enten, Goetheschule, der Bäcker – ohne die Trabbis und die Plattenbauten der Südstadt käme die DDR gar nicht vor in meinen ersten Gedanken an meine Kindheit. Und sie spielt in diesen Erinnerungen auch kaum eine Rolle. Die Brötchen, die sind etwas, das ich eindeutig mit dem Osten identifiziere. Sie sind mit der Mauer verschwunden. Etwas, dem man hinterhertrauern könnte, wenn man vor aufgeblasenen, federleichten Westbrötchen sitzt. Ich habe die Brötchen meiner Kindheit eine Zeit lang sehr vermisst, das teigige Innere, das ich so herrlich zu kleinen schweren Kugeln formen konnte.

Beim Bäcker mündete die Falkenflucht in die Plauer Straße, in die wir rechts einbogen. Da war direkt der Obst- und-Gemüse-Laden Schulz mit den kubanischen Apfelsinen.

»Die waren doch immer total holzig«, sagt Sven, mein Mann, »hießen die nicht ›Fidels Rache‹?« Er glaubt, er darf das beurteilen, weil er bei seinem ersten Leipzig-Besuch im Februar 1990 in der Uni-Mensa so eine Apfelsine in die Hand gedrückt bekam. Sven ist dann als Mittzwanziger und Berufsanfänger Anfang der Neunzigerjahre von Kaiserslautern, wo er sein Biologiestudium beendet hatte, für mehrere Jahre nach Sachsen gegangen, um ein Redaktionsvolontariat bei der *Leipziger Volkszeitung* anzufangen. »Fidels Rache« konnte ihn nicht davon abhalten. Er verfügt ohne Zweifel über Ostkompetenz, auch über einen großen ostdeutschen Freundeskreis.

Als seine Familie aus Hamburg ihn zu Beginn seiner Ostzeit einmal in Leipzig besuchte und seine Mutter sich beim Essen in Auerbachs Keller über die unfreundlichen Kellner mokierte, hat ihn das so beschämt, dass ihm die Tränen kamen. Er fand seine Westverwandtschaft, ihre Beschränktheit, ihre Verwöhntheit, ihre fehlende Feinfühligkeit, peinlich und vernagelt. Mein Mann hingegen glaubte, längst eine Antenne für den Osten und die Unsicherheiten der Menschen entwickelt zu haben.

Ich war sehr gerührt, als er erst vor Kurzem die Geschichte mit der Mutter in Auerbachs Keller und den Tränen erzählt hat. Als wir nämlich selbst in dem Lokal in der Leipziger Innenstadt saßen, um mit unseren beiden Kindern zu Abend zu essen. Der Kellner war übrigens ausgesprochen freundlich.

Zurück zu den Apfelsinen aus Kuba. Die waren, anders als der Wessi an meiner Seite behauptet, nämlich gar nicht holzig, zumindest nicht in meiner Erinnerung. Und die stimmt ja wohl.

Da ist der Ostauskenner dann doch in die Ost-Klischee-Falle getappt. Geht ganz leicht. Kann selbst ihm mal passieren. (Er sagt, sie waren *doch* holzig!)

Direkt neben dem Obst-und-Gemüse-Laden mit den auf gar keinen Fall holzigen, na gut, vielleicht ein wenig *strohigen,* jedenfalls verdammt schwer zu schälenden kubanischen Apfelsinen in der Plauer Straße lag der Konsum (mit Betonung auf der ersten Silbe!), an den ich komischerweise kaum Erinnerungen habe, obwohl meine Eltern mich häufiger zum Einkaufen dorthin geschickt haben.

Ich weiß noch, wo die Nussschokolade lag, die ich nicht mochte – in der Nähe der Kasse im Süßigkeitenregal. Das Prinzip der Quengelware gab es also bereits zur DDR-Zeit in Güstrow. Ich weiß auch noch, dass es im Konsum schön hell war, wenn auch irgendwie farblos. Aber sonst?

Wie es allerdings im Intershop in Güstrow aussah, der sich in einer Seitenstraße des Marktes befand – das weiß ich ganz genau! Dort konnte man nur mit Westgeld zahlen, nicht aber mit Mark der DDR. Ich könnte die Spielwaren- und Süßigkeitenabteilung Quadratzentimeter für Quadratzentimeter aufmalen. Und der Geruch! Die unschlagbare Mischung aus Waschmittel, Kaffee und Gummibärchen. So gut, wie dieser Geruch war, so gut konnten die einzelnen von Onkel Willis Westgeld teuer erkauften Haribo-Tütchen und Kaffeepäckchen gar nicht sein. Der Geruch beim Öffnen der Tür zum Intershop und genauso auch der Geruch beim Öffnen eines Westpakets – eine prägende Kindheitserinnerung. So einen Geruch kann man auch vermissen.

Heute, wo alles um mich herum nach Westpaket riecht, nehme ich ihn nicht mehr wahr. Er konnte nur bei mir wirken, weil es überall sonst anders roch.

Der spektakulärste Intershop, an den ich mich erinnern kann, war auf dem Dach des Hotels Metropol in der Friedrichstraße in Berlin. Da gab es alles – sogar Autos und Swimmingpools. Diese riesigen, leeren azurblauen Plastikwannen auf dem Hausdach im grauen Berliner Winter – für mich wenig verlockend. Ich konnte mir damals als Acht- oder Neunjährige nicht vorstellen, dass jemand diese Dinger kauft, um damit seinen Garten zu verschandeln. Ich wusste nicht, dass man sie in der Erde versenkt. Aber die Vorstellung, in so einem Pool zu plantschen, die war fantastisch.

Dass wir uns in den Intershops der Republik auch mal was genehmigen konnten, lag am schon erwähnten Onkel Willi aus Hamburg. Er war ein alleinstehender entfernter Verwandter meiner Mutter, besaß mehrere Kneipen in der Hansestadt und war sehr großzügig.

An einen seiner Besuche kann ich mich besonders gut erinnern. Wir spazierten im Regen durch Neubrandenburg. Und aus Jux und Tollerei sagte Onkel Willi zu mir: »Jessy, wenn du dich in die Pfütze setzt, gebe ich dir fünf Westmark.« Was Onkel Willi offensichtlich nicht ahnte: Kaum hatte er den Satz zu Ende gesprochen, saß ich in voller Montur im Wasser. Sich für fünf D-Mark buchstäblich nass zu machen: für Willi ein schlechter Scherz, für mich der Hauptgewinn. Westgeld – das war jedem Kind vollkommen klar – war der Schlüssel zum Luxus. Ich weiß nicht mehr, was ich mit den fünf Mark angestellt habe. An den nassen Hintern kann ich mich aber noch genau erinnern.

Und ich weiß noch, dass meine Eltern über die Aktion lachten, aber vielleicht waren sie auch ein bisschen beschämt.

Onkel Willi meinte es aber wirklich gut mit uns. Als mein Bruder Stefan mit vierzehn an Krebs erkrankte und oft mit Schmerzen ins Krankenhaus gefahren werden musste, schenkte er uns 1988 einen weinroten VW Golf. Das einzige Westauto am Mühlbach, eines von ganz wenigen in Güstrow. Klar, wir fielen damit auf. Eine Zeit lang hatten wir so sogar zwei Autos.

Stefan fuhr trotzdem lieber im Trabbi, da hatte er wohl beim Sitzen weniger Schmerzen.

Den Fall der Mauer hat mein Bruder nicht mehr erlebt, er starb im September 1989 in unserem Kinderzimmer Am Mühlbach 10.

Ob die Kastanien schon von den Bäumen auf die Autodächer fielen? Ich kann mich nicht erinnern.

Wie mein sechs Jahre älterer Bruder mich morgens oft in den Kindergarten gebracht hat, das weiß ich aber noch sehr gut. Der Clara-Zetkin-Kindergarten lag noch näher am Mühlbach als später die Goetheschule. Mit der Plauer Straße hatten wir auch diesmal zu tun.

Wir mussten sie überqueren. Keine leichte Übung. Sie ist eine der viel befahrenen Straßen Güstrows, die von außerhalb in die Stadt führen. Viel Verkehr am Morgen. Die Plauer Straße galt bei uns zu Hause als brandgefährlich. Auch auf dem Heimweg mussten wir vorsichtig sein.

Ich mochte es nicht, kurz vor sechs Uhr am Abend auch mal zu den Letzten zu gehören, die abgeholt wurden, weil meine Eltern als Lehrer den ganzen Tag beschäftigt waren. Trotzdem hatte ich eine gute Kindergartenzeit. Ich habe sogar lange behauptet, die Kindergartenzeit sei die beste Zeit meines Lebens gewesen. Wahrscheinlich, weil mir mit Schulbeginn vollkommen klar war, dass es nun vorbei sein würde mit der Freiheit und der Unbeschwertheit. Außerdem waren da Stöcki und Schubi und die anderen aus meiner Nachbarschaft, mit denen ich auch sonst viel Zeit verbracht habe. Alles Jungs. Wir waren eine Clique. Es war herrlich. Unvergessen die späten Nachmittage am Mühlbach an der Brücke zur Falkenflucht, wo wir für unsere Matchbox-Autos aus den Westpaketen Straßen in den Ufersand klopften und unter der Brücke nach Krebsen suchten.

Unvergessen auch die Trauer, als Stöcki mit seiner Familie nach Äthiopien zog, weil sein Vater dort arbeiten sollte.

Dann das Wiedersehen im Garagenweg hinter unserem Hof, als Stöcki nach Monaten mal auf Besuch nach Güstrow kam und mir eine kleine Trommel, nicht größer als eine Kaffeetasse, schenkte. Echte Freundschaft. Ich habe die Trommel noch immer. Sie hängt in unserer Berliner Wohnung an einem Türgriff.

Überhaupt: In die Wohnung am Mühlbach zu ziehen, war aus meiner Sicht einer der coolsten Moves meiner Eltern. Schließlich haben sie für die Altbauwohnung mit Kohleofen die topmoderne und ferngeheizte Plattenbauwohnung in der Südstadt aufgegeben. Kurz vor meiner Geburt 1979 zogen meine Eltern mit Stefan in die zweite Etage des alten Backsteinbaus. Drei Zimmer, knapp achtzig Quadratmeter – wesentlich großzügiger als die Platte. Balkon zum Hof, in dem es viel Grün und Platz zum Spielen gab, und sogar ein Stück eigenen Garten, in dem Stachelbeeren wuchsen. Da sagt auch die innere New Yorkerin in mir heute noch: *not bad.*

Auch der zusätzliche große Garten in der Schrebergartenanlage hinter unserem Viertel war für mich ein Paradies. Durch die Wege zu toben, sich am Elektrozaun zur Kuhwiese keinen Schlag zu holen – oder doch, wenn man mutig genug war. Und immer in Hörweite hinter der Wiese: das Speedway-Stadion für die Motorradrennen – *Spittweh*stadion gesprochen, mecklenburgisch eben.

Ich muss schon ein Schulkind gewesen sein, als ich einmal in den Gartenteich gefallen bin. Der war nicht groß, aber recht tief. Ich bin noch heute fest der Überzeugung, dass mich unter Wasser ein Frosch ganz genau aus der Nähe betrachtet hat – von Angesicht zu Angesicht – und dann mit langen Beinschlägen weitergeschwommen ist durch seine grünliche Unterwasserwelt, bevor mein Vater mich aus dem Teich zog und zum Trocknen nach Hause brachte. Der Sommer war längst vorbei, und es war schon recht kalt.

Aus dem Garten kamen im Frühjahr auch die Osterglocken, die ich zu Sträußchen gebunden mit in die Innenstadt nahm, um sie nahe dem Pferdemarkt in der Fußgängerzone anzubieten. In der Zeit wollte ich unbedingt ein Mountainbike. Das war schon nach der Wiedervereinigung – Marktwirtschaft! »Dann musst du auch ein bisschen Geld dazuverdienen«, meinten meine Eltern und bewaffneten mich mit den Schnittblumen. Seitdem weiß ich, dass mein Talent zur Geschäftsfrau begrenzt ist. Mir war übel, so unangenehm war es mir, den Leuten meine Ware anzubieten. Ich stand hinter dem Tischchen mit den Blumen, als würde ich nicht dazugehören. Ich habe vielleicht fünf Sträußchen verkauft an ältere Damen, die sich mir aufgedrängt haben, dann bin ich – nichts wie weg – nach Hause geflohen.

Meine Eltern waren gnädig. Ich bekam das Mountainbike trotzdem.

In der DDR-Zeit hatten meine Eltern selbst einen Sinn dafür, neben ihrer Arbeit als Lehrer die Familienkasse aufzubessern. Mein Vater ist der kreative Part, von ihm kamen die Ideen, meine Mutter hingegen ist in unserer Familie grundsätzlich für die Finanzen verantwortlich.

Sie stellten Dekoratives aus Gips her, Reliefbildchen mit Tiermotiven, die man sich ins Fenster hängen konnte. Aber der größte Verkaufsschlager waren die Schmetterlinge – aus Draht gebastelt, mit buntem stechend riechenden Tauchlack in verschiedenen Farben überzogen, ließen sich die Schmettis, wie mein Vater sie nannte, in die Gardinen hängen.

Bis zum Ende der DDR dienten unser Garten und unser Balkon zu Hause als Schmetti-Fabrik. Wenn wieder ein paar Hundert fertig waren, haben meine Eltern sie auf Märkten, zum Beispiel in Warnemünde am Alten Strom, und an Geschäfte für Kunsthandwerk verkauft. Schöne Dinge, und dann noch so ausgefallene, danach sehnten sich die Menschen. Das Schmetti-Geschäft lief also gut und brachte was ein. Mit dem Dazuverdienten konnten sich meine Eltern im Exquisit auch mal ein schickes Kleid oder eine teure Hose gönnen. Exquisit, das war die DDR-Modehandelskette für den, wie es hieß, »gehobenen Bedarf«.

Um die schulischen Leistungen ihrer Kinder mussten sich Mutti und Papa keine großen Sorgen machen. Mein Bruder besaß ein großes mathematisches Talent. Er sollte auf eine Spezialschule in Rostock wechseln, dazu kam es aufgrund seiner Krankheit allerdings nicht mehr. Und ich war wohl das perfekte Lehrerkind: strebsam, ehrgeizig und selbstständig.

So war es in der Unterstufe, wie die Grundschule in der DDR hieß, und so lief es – dann zu »Westzeiten« – auch bis zum Abitur. Ob Ost- oder West-Schulsystem, das machte für mich als beflissene Pflichterfüllerin keinen Unterschied. Fleiß wird immer belohnt.

Ich war in der vierten Klasse, als die DDR unterging. Ab der fünften hätte ich Russisch lernen sollen. Das wollte jetzt niemand mehr. Alle wollten lieber Englisch als erste Fremdsprache wählen. Russisch war abgemeldet und damit auch der Russischunterricht. Viele Lehrerinnen und Lehrer schulten mithilfe eines Fernstudiums auf Englisch um. Das klang dann manchmal auch so. Ich hatte in der Oberstufe eine Lehrerin, die es einfach nicht hinbekam, das Wort »E-Mail« zu sagen. Bei ihr kam stattdessen immer »Emil« raus, was wir natürlich bekicherten.

Meine Nachmittage konnte ich mir schon in den ersten Schuljahren frei einteilen. Die Eltern waren meistens noch nicht zu Hause. Also, eifrig, wie ich war, die Hausaufgaben erledigen und dann ab an den Mühlbach zum Spielen oder vor den Fernseher.

Trio mit vier Fäusten, Bezaubernde Jeannie, Alf, Ein Colt für alle Fälle – das war mein Programm.

Alles Westfernsehen. Das war bei uns zu Hause selbstverständlich. Ich kann mich an keine einzige Diskussion darüber erinnern, ob das zu schauen vielleicht nicht in Ordnung war. Auch erinnere ich mich nicht an Ermahnungen, dass man nicht darüber reden durfte. Wir konnten Westfernsehen empfangen. Also guckten wir es auch. So lief es bei den meisten anderen in meiner Umgebung auch. Ich glaube, Mitte der Achtzigerjahre – Michail Gorbatschow regierte schon die Sowjetunion – wurde die Westfernseh-Frage nicht mehr so eng gesehen. Meine Eltern sprachen zwar im Lehrerzimmer nicht offen über den ARD-Thriller vom Vorabend – im kleineren, vertrauteren Kreis aber schon.

Die Wochenenden allerdings waren dem DDR-Kinderfernsehen vorbehalten. Meine Lieblingssendung hieß *Mach mit, mach's nach, mach's besser* mit dem netten Adi, der eigentlich Gerhard Adolph hieß. Jeden Sonntagvormittag um zehn Uhr schaute ich mir im Fernsehen der DDR an, wie Schulklassen gegeneinander in einer Art Staffelwettbewerb in einer Turnhalle antraten. Sie mussten um Verkehrshütchen laufen, sich unter Sportbänken durchquetschen oder diese überspringen. Im Grunde machten die Kinder bei *Mach mit, mach's nach, mach's besser* genau das, was wir im Sportunterricht auch machten, nur eben im Fernsehen. Die Gewinnerklasse kam eine Runde weiter. Die Siegermannschaft gewann den Wanderpokal des Nationalen Olympischen Komitees der DDR. Ich habe es geliebt, wenn sich an langweiligen Sonntagvormittagen unser Wohnzimmer mit Turnhallenlärm und Kindergejuchze füllte.

Wer am Ende den Pokal mitnehmen durfte, war mir eigentlich egal. Ich war ohnehin nicht so der Wettkampftyp.

Obwohl ich immer sportlich war und mein Vater, der Sportlehrer, mich im Tennis unterrichtete, vermied ich es, mich zu messen. Die regelmäßig quer durch die Republik stattfindenden Kinder- und Jugendspartakiaden waren mir ein Graus. Diese Sportwettkämpfe dienten dazu, Kinder zu sportlicher Betätigung zu ermutigen und Talente zu sichten, die dann das DDR-Sport-Förderprogramm durchlaufen konnten.

Ich brachte zwar immer meine Eins im Sprint, Weit-sprung oder Dauerlauf nach Hause, aber dann im größten Stadion der Stadt vor Publikum gegen andere antreten? Schon in den Nächten vor der Spartakiade bekam ich Magenkrämpfe.

Am Tag selbst hoffte ich, es würde ein schreckliches Unwetter geben. Das passierte natürlich nie. Und so kam ich als sportliches Mädchen nicht um meinen Auftritt rum.

Bei so viel negativer Energie war ja klar, dass ich regelmäßig versagte. Ich kann mich an kein einziges Erfolgserlebnis im Güstrower Friedrich-Ludwig-Jahn-Stadion erinnern. Für meine Schule, die Goetheschule, trat ich in blauem Nicki und weißer kurzer Hose aus festem Baumwollstoff an. Und mal ehrlich: Gegen die Kinder vom TZ, vom Trainingszentrum, hatten wir Normalos sowieso keine Chance. Das TZ war fester Bestandteil des DDR-Leistungssportsystems.

Wenn bei einem Kind ein sportliches Talent erkannt wurde, wurde es ins TZ delegiert, ob sich die Begabung nun in der Leichtathletik, im Handball oder im Turnen offenbarte. Wer im TZ erfolgreich war, kam dann in die KJS, die Kinder- und Jugendsportschulen der DDR. Dort wurden die Spitzensportler von morgen geformt. Es gab also ein ausgeklügeltes System zur Sportförderung von Kindern, das bekanntlich zu überaus großen Erfolgen der DDR-Spitzensportlerinnen und -Sportler auf größtmöglichen internationalen Bühnen führte. Es war aber auch ein System des Missbrauchs in vielfacher Hinsicht, das noch immer aufgearbeitet wird. Schon aufgrund meiner Wettkampfallergie wurde ich nie Teil dieses Systems.

Ich war ein schüchternes Kind, aber wenn ich mich sicher fühlte, konnte ich mich auch ganz gut durchsetzen.

Aus der Kindergartenzeit ist ein Schlagabtausch mit einem Jungen überliefert.

Er: »Du willst immer die Schönste sein, hat Frau Pella gesagt.« Frau Pella war die Leiterin des Kindergartens.

Ich: »Und du bist ein Arschloch, hat Frau Pella gesagt.«

Nicht besonders originell, aber danach war Ruhe.

In der Schule übernahm ich das Amt der Jungpionierratsvorsitzenden. Ich hatte stets mein Pionierhalstuch dabei, wenn es gefragt war. Und gefragt war es zum regelmäßigen Fahnenappell auf dem Schulhof, bei dem alle Klassen der Schule von der ersten bis zur zehnten sortiert im Karree antraten, die Jungpioniere mit ihren blauen Tüchern, die Thälmann-Pioniere mit den roten und die FDJler in ihren blauen Hemden. Für mich ging es vor allem darum, den Fahnenappell buchstäblich durchzustehen. Die Veranstaltung zog sich gewaltig, und nach wenigen Minuten wurden wir Kleineren etwas hibbelig. Es wurde gelobt, geehrt und zum Geburtstag einer Lehrkraft gratuliert.

Doch häufiger, zumindest sind diese Parts in meiner Erinnerung wesentlich präsenter, wurde getadelt. Hatte jemand aus der Zehnten wieder gegen die Vorschriften verstoßen? Dann musste er oder sie nach vorne treten, und es wurde ausführlich dargestellt, worin das Vergehen bestand.

Ich sehnte immer nur das Ende und die Rückkehr in den warmen Klassenraum herbei. Das Schicksal der älteren Schüler interessierte mich weniger. Das waren für mich Erwachsene – aus einem anderen Universum.

Der Ton des Schuldirektors und die Stimmung während des Appells löste in mir aber oft ein Unbehagen aus.

Manchmal werde ich heute noch gefragt, ob ich die zehn Gebote der Jungpioniere noch auswendig kenne. Ich muss dann jedes Mal in meinem Pionierausweis nachschauen.

1. Wir Jungpioniere lieben unsere Deutsche Demokratische Republik.
2. Wir Jungpioniere lieben unsere Eltern.
3. Wir Jungpioniere lieben den Frieden.
4. Wir Jungpioniere halten Freundschaft mit den Kindern der Sowjetunion und aller Länder.
5. Wir Jungpioniere lernen fleißig, sind ordentlich und diszipliniert.
6. Wir Jungpioniere achten alle arbeitenden Menschen und helfen überall tüchtig mit.
7. Wir Jungpioniere sind gute Freunde und helfen einander.
8. Wir Jungpioniere singen und tanzen, spielen und basteln gern.
9. Wir Jungpioniere treiben Sport und halten unseren Körper sauber und gesund.
10. Wir Jungpioniere tragen mit Stolz unser blaues Halstuch.

Wir bereiten uns darauf vor, gute Thälmann-Pioniere zu werden.

Ich weiß noch, dass es mir immer schwerfiel, mir alle zehn Punkte einzuprägen. Frieden und Freunde, klar. Aber der Rest? Der erschien mir merkwürdig und leer – nur Worthülsen. Und warum müssen wir qua Gebot alle gute Freunde sein? Meine Klassenkameradin Verena konnte mich noch nie ausstehen und ich sie auch nicht. Und jetzt auch noch mit *der* gut befreundet sein und zusammen basteln und singen? Auf gar keinen Fall!

Und noch nie in meinem Leben hatte ich ein sowjetisches Kind vor der Nase gehabt, nicht einmal in Form eines Fotos. Mit wem sollte ich da Freundschaft halten?

Zum Glück nahm es unsere Klassenlehrerin nicht so genau mit den Geboten. Sie hat sie nie ernsthaft abgefragt.

Andere Regeln gehörten zum Schulalltag einfach dazu. Zum Beispiel die, dass man im Unterricht aufrecht sitzt und die Unterarme übereinander auf die Schulbank legt. Wenn man sich meldet, wird nur der eine Arm hochgeklappt, der Ellbogen bleibt auf der Tischplatte. Klingt irgendwie komisch, aber jedes DDR-Kind weiß, was gemeint ist.

Siehe fünftes Pioniergebot: Wir lernen fleißig, sind ordentlich und diszipliniert.

Dazu passte auch der Pioniergruß, den der Lehrer einleitete mit »Für Frieden und Sozialismus seid bereit!« und die Klasse erwiderte: »Immer bereit!« Wobei unsere Lehrer »Für Frieden und Sozialismus« oft wegließen.

Im Sportunterricht wiederum begrüßte uns der Lehrer mit »Sport ...«, und wir vollendeten wie aus einem Munde »... frei!« Aber natürlich erfolgte die Grußbotschaft erst, nachdem wir uns zu Beginn der Sportstunde der Größe nach in Reihe aufgestellt hatten. Ich wechselte mich mit einem anderen Mädchen alle paar Wochen auf dem Platz zu Beginn der Reihe ab. Wir wuchsen um die Wette. Ordnung war in der DDR eben mehr als das halbe Leben.

Die Krankheit meines Bruders Stefan verbindet sich für mich untrennbar mit meinen Erinnerungen an die DDR. Die ersten Symptome seines Tumors im Hüftknochen zeigten sich 1988, als er über starke Bein- und Hüftschmerzen klagte. Im Güstrower Krankenhaus konnten sie zunächst nichts finden. Also doch nur Wachstumsschmerzen?

Als es schlimmer wurde, wurde Stefan in Berlin in der Charité behandelt. Das bedeutete für die Familie viele Fahrten in die Hauptstadt.

Wie ernst es war, habe ich als Kind nicht begriffen. Aber ich liebte diese Fahrten nach Berlin.

Wir kamen während der Behandlungsphasen in der Lichtenberger Neubauwohnung meines Onkels Timmi unter, der als Musiker viel unterwegs war. Onkel Timmi arbeitete im Showbusiness! In der großen Welt der kleinen DDR. Er war sogar eine Zeit lang mit Regina Thoss, einer im Osten sehr bekannten Entertainerin, liiert.

Für mich war schon Lichtenberg große Welt. Es gab dort nicht nur exzellentes Eis, das wir kübelweise nach Hause schafften. Eine Mischung aus Soft- und Kugeleis, rosafarbenes köstliches Zeug, viel cremiger als das Vanille-, Schoko- oder Erdbeerkugeleis in Güstrow. Es gab auch Sat.1. Das wurde mein neuer Lieblingssender. *Love Boat* gucken am Vormittag und meine Welt war in Ordnung. Diese Amerikaner mit ihren strahlenden Zahnleisten und vor Haarspray glänzenden Helmfrisuren im Dauersonnenschein am Boardpool.

Mann, wie warm umspülten mich Luxus und Sorglosigkeit auf dem *Love Boat*! Ich hätte ewig auf dem Teppich vor dem West-Fernseher in Lichtenberg hocken können, mit dem Eiskübel in der einen und der West-Fernbedienung in der anderen Hand.

Was in *Love Boat* auf dem Schiff passierte, das fand ich in der großen Stadt Berlin als Festlandversion. Für mich DDR-Kind war Ostberlin der Ort des Überflusses und der Sensationen. In meiner Erinnerung hat in Berlin auch immer die Sonne geschienen.

Ich war fasziniert vom Alexanderplatz mit seiner Weite, den Hotels und Kaufhäusern, dem Fernsehturm mit dem Drehrestaurant, der Weltzeituhr mit ihrer globalen Aura und natürlich der Ketwurst.

Zwischen Alexanderplatz und Rotem Rathaus gab es sie, die lange Bockwurst im langen Brötchen, zusammen mit einer Portion Ketchup und Senf. Das Spektakuläre war, dass es eben kein Klapp-, sondern ein Lochbrötchen war. Nichts konnte rausfallen oder kleckern.

So etwas wie die Ketwurst hatte ich noch nie gesehen. Zurück in Güstrow verzehrte ich mich sofort nach ihr. Die Ketwurst am Alex war der Pflock, den ich in Berlin eingeschlagen hatte. Ich wollte immer zurückkommen, um zu bleiben. Und das habe ich getan, sofort nach dem Abi.

Aber die Ketwurst? »Die haben sie uns ja auch genommen«, würden einige im Osten jetzt sagen. »Sie« sind *die Wessis*. »Auch« bedeutet, dass der Verlust noch so viel mehr umfasst. (In Wirklichkeit gibt es in Berlin noch heute ein paar Imbisse, die »original Ketwurst« verkaufen.)

Im Osten ist jedenfalls der Satz »Das haben sie uns auch genommen« eine feste Redewendung, wenn es um die Zuschreibung von Verlierer- und Gewinnerrollen nach der Wiedervereinigung geht. Häufig wird er selbstironisch gebraucht, aber oft auch nicht.

Berlin war für mich das Tor in die Welt. Was hätte ich dafür gegeben, wenn unser VW Golf im Autokennzeichen das I hätte tragen dürfen, das die Berliner hatten. Im Osten bekam jeder Bezirk einen oder zwei Buchstaben zugeordnet, mehr oder weniger von Norden nach Süden dem Alphabet nach sortiert. Von A in Rostock bis Z in Cottbus. Wir hatten B, das für den Bezirk Schwerin stand. Und Berlin hatte ein I. Fuhr ein I durch Güstrow, wollte ich unbedingt einen Eindruck von den Insassen erhaschen, um mir vorzustellen, was die wohl für ein Leben in Berlin führten mit Kübeleis und Sat.1 und Ketwurst. Das mussten glückliche Menschen sein.

Ich hatte selbst eine größtenteils sorgenfreie Kindheit mit vielen schönen Erinnerungen. Und das heißt ja zugleich auch: Ich hatte eine schöne Kindheit in der DDR.

Wenn ich diesen Satz formuliere, überlege ich gleichzeitig, wer ihn wie lesen und interpretieren würde. Die einen würden sagen: Na klar, wir hatten *auch* ein gutes Leben in der DDR. Und das lassen wir uns auch nicht nehmen, wenn jetzt *alle* kommen und behaupten, die DDR sei ein Unrechtsstaat gewesen.

Dann gibt es die, die mich um meine Unschuld beneiden würden, mit der ich die DDR erlebt habe, und darum, dass ich zu jung war, um in die missliche Lage zu kommen, mich für oder gegen diesen Staat entscheiden zu müssen.

Und dann gibt es jene, die fragen würden: Wie kannst du das so einfach sagen? Eine schöne Kindheit in der DDR? Wenn du an die Tausenden Opfer der SED-Diktatur denkst, an all das Leid, das dieses Regime gebracht hat, wie kannst du da so sorgenfrei und undifferenziert plappern? Gerade jetzt als Erwachsene, die es in der Rückschau besser wissen müsste?

Das ist das Kaleidoskop der Gefühle und Ansichten, mit dem meine Generation aus dem Osten es zu tun hat.

Es steht alles gleichzeitig nebeneinander.

Als Kind habe ich das meiste einfach hingenommen, als Jugendliche war ich mit mir selbst beschäftigt. Erst als Erwachsene, selbst Mutter, wird mir klar, wie vielschichtig und oft widersprüchlich vieles erscheint. Ich nehme andauernd neue Aspekte auf, und je älter ich werde, desto mehr Fragen habe ich.

Wie in anderen Familien auch wurde bei uns zu Hause gewettert und gemeckert über die Absurditäten des Alltags in diesem Land. Ich war aber zu jung, um an diesen Diskussionen teilzunehmen.

Freunde, die nur wenige Jahre älter sind als ich, staunen oft darüber, wie wenig DDR in meinen Kindheitserinnerungen vorkommt. Sie können stundenlang über das *Bummi*-Heft, später die *FRÖSI* und die *Atze,* die *Flimmerstunde, Spielhaus* und *Alles Trick* erzählen. Sie rufen »Nu, pogodi!«, wenn die Rede auf die sowjetische Zeichentrick-serie *Hase und Wolf* kommt. Aber sie sprechen auch von einer viel größeren Portion »Erziehung zu einer sozialisti-schen Persönlichkeit«, als sie mir zuteilwurde.

Sie fragen mich dann, wofür meine Mutter den monat-lichen Haushaltstag genutzt hat, ob es in Güstrow auch eine Pioniereisenbahn gab und ob ich auch das Leistungsabzei-chen »Für gute Arbeit in der Schule« oder am Schuljahres-ende die Urkunde »Für gutes Lernen in der sozialistischen Schule« bekommen habe. Ich kann mich nicht daran erin-nern. Ich glaube, die Urkunden gab's nicht mehr.

Mein Blick auf die DDR war so unschuldig, wie der Blick eines Kindes sein kann. Ich habe nie im Staatsbürger-kundeunterricht gesessen und musste mich – außer zum »Immer bereit!« der Jungpioniere – auch sonst zu nichts bekennen.

So bleiben mir nur all die vielen Erzählungen – von Menschen, die die DDR als Kinder, Jugendliche oder als Erwachsene erlebt haben und die mich vor ein Rätsel stellen: Haben wir wirklich alle im selben Land gelebt? So weit gehen die Erinnerungen und die Meinungen aus-einander.

Vielleicht ist das die eigentliche Herausforderung für die nächsten Generationen: Wir müssen mit den Älteren ins Gespräch kommen, zuhören, nachfragen, diskutieren, aufarbeiten und auch Unterschiede aushalten. Sonst ver-stummen wir. Aber wir, die jüngeren Ostdeutschen, kön-nen nicht alle Widersprüche auflösen, mit denen unsere Eltern und Großeltern zu kämpfen haben.

Wenn ich heute durch Güstrow fahre, dann stelle ich mir wieder vor, ich wäre eine Frau aus Australien. Und als Australierin, die alle diese Zusammenhänge und Verwicklungen und Gefühlsknoten nicht kennt, schaue ich auf die Leute im Osten und denke: Wo liegt das Problem? Sie sitzen auf ihren Terrassen, ihren Balkonen, in ihren Schrebergärten und in ihren polierten Autos. Sie haben Kinder großgezogen und Berufe erlernt, haben Jobs gewechselt und Gleichgesinnte gefunden. Es geht den meisten doch ganz gut. Sie haben doch so viel erreicht.

Tja, aber so einfach ist es eben nicht.

2. ABENDESSEN MIT DER FILTERGENERATION

Wo in mir der Ossi steckt
und welche Aufgabe vor uns liegt

Während der Arbeit an diesem Buch ploppten immer wieder interessante Zahlen auf. Es gibt einen ganzen Haufen allein zu dem Aspekt, wie viele Menschen in den Jahren nach dem Mauerfall den Osten verlassen haben. Ich brauchte ein paar Stunden, um einigermaßen verlässliche Angaben zu finden. Im fünften Kapitel sind sie festgehalten. Was grundsätzlich ins Auge sticht: Es waren in den ersten Jahren mehr Frauen als Männer, die in den Westen gezogen sind. Klar wird auch, dass über einen größeren Zeitraum mehr Ehen zwischen Ostfrauen und Westmännern geschlossen wurden als zwischen Westfrauen und Ostmännern. In den Neunzigerjahren trat nach einer Erhebung des Bundesinstituts für Bevölkerungsforschung die Kombination aus Ostfrau und Westmann in 80 Prozent der Ost-West-Partnerschaften auf, 2019 immer noch in 60 Prozent. So weit die grobe statistische Einordnung.

Als ich dann in Gedanken meinen Bekannten- und Freundeskreis von damals zu Hause in Mecklenburg-Vorpommern und anschließend auch den gegenwärtigen in Berlin gescannt habe, wurde mir erst klar, wie viele Frauen auch aus meinem Umfeld – Mitschülerinnen und spätere Kolleginnen – tatsächlich die Heimat zurückgelassen und westdeutsche Männer geheiratet hatten. Ich bin selbst eine von ihnen. Sie – wir – sind überall.

Diese Erkenntnis hatte für mich einen komischen, wenn nicht sogar unschönen Beigeschmack. Einerseits, weil man annehmen könnte, dass wir unsere Heimat und den armen Männern im Osten die kalte Schulter gezeigt und uns aus dem Staub gemacht haben, sobald wir die Möglichkeit dazu hatten. Andererseits, weil wir womöglich den einfachen Weg gewählt haben. Wir sind da hingegangen, wo schon blühende Landschaften waren. Wir mussten uns am Aufbau Ost gar nicht mehr beteiligen. Und mehr noch: Wir haben uns ins gemachte Wohlstandsnest gesetzt, als wir uns in Männer verliebten, die von klein auf gelernt hatten, wie man im Westen erfolgreich ist, die den vollen Zugriff auf westdeutsche Netzwerke hatten – zum Teil ermöglicht durch ihre eigenen bürgerlichen, gut situierten Familien.

Haben wir uns also einfach hochgeheiratet und den Osten verraten? Ja, könnte man so sehen. Ich muss zu meiner Verteidigung dazusagen: Mir war vorher nie der Gedanke gekommen. Ich habe nie den teuflischen Plan gefasst, mir einen Westmann zu schnappen und aus der Beziehung einen sozialen oder ökonomischen Vorteil zu ziehen. Und das schreibe ich nicht nur, weil dieser Westmann hier mitliest ... Ich war nicht auf der Suche nach einem Leben ohne Not, ich wollte nur zum Studium woandershin. Ich hätte genauso gut bleiben, in Rostock studieren und an der schönen Ostseeküste einen ostdeutschen Allgemeinmediziner mit eigener Praxis heiraten können. Der wäre vielleicht zu haben gewesen.

Als ich mich nun aber mit dem Thema befasste, stellte ich fest, dass mein Vorgehen buchstäblich typisch war. Ich hatte es gemacht wie Zehntausende anderer Frauen auch. Mit zweien wollte ich über den Weg, den wir gewählt hatten, sprechen. Also lud ich sie zum Essen ein. Meine beiden Freundinnen und ich waren zur Zeit des Mauerfalls zwischen neun und dreizehn Jahre alt, jetzt leben wir alle im Westen Berlins und sind jeweils verheiratet mit einem Mann aus der alten Bundesrepublik.

Ich habe vorher noch nie einen Mädelsabend für Ostgirls organisiert. So etwas wäre mir irgendwie schräg vorgekommen. Außerdem wäre ich nicht auf den Gedanken gekommen, meine westdeutschen Freunde einfach auszuschließen. Was können die dafür, dass sie keine Ossis sind, kein Zugang für Wessis, die Armen! Diese Art Treffen war also neu, auch für meine Freundinnen Susanne und Kristin, die sich beide nur flüchtig kannten. Ich stellte sie einander vor. Susanne streckte Kristin zur Begrüßung gleich mal die Hand entgegen, um sie dann aber sofort wieder zurückzuziehen.

»Oh Mann«, stöhnte sie, »das ist ja schon wieder echt typisch ostdeutsch: Begrüßung per Handschlag, alles hyperformalisiert und absolut unlässig …«

Sie lachte. Es hatte keine zwanzig Sekunden gedauert, und wir waren schon bei der Sache, weil sich eine von uns beim Ossisein selbst ertappt hatte. Wir brauchtes keinen Small Talk über die Kinder, das Wetter oder die Lage der Ampelkoalition zum Warmwerden.

Susanne und Kristin kamen zudem gut vorbereitet. Jede hätte aus dem Stand schon vor den Antipasti einen halbstündigen Vortrag über den Osten und ihr Leben dort halten können. Wir hatten alle einen krassen Redebedarf. Es war verrückt, ein bisschen so wie beim Treffen der Anonymen Ostlerinnen. Wie oft hatte ich die eine oder die andere schon gemeinsam mit unseren Westmännern zum Essen, auf Partys, bei Veranstaltungen getroffen? Viele Male, über Jahre. Und wie oft hatten wir da über unseren gemeinsamen Background gesprochen und darüber, wie es ist, im Westen mit einem Westdeutschen zu leben? Nie.

Es musste erst ein Forum wie dieses einberufen werden, um rauszulassen, was rauswill und rausmuss. Das passiert offensichtlich in unserer Generation und Lebenssituation nicht von allein. Außerdem hatten wir Themen und Dinge auf der Tagesordnung, die in einem mehrheitlich westdeutschen Umfeld kaum jemanden länger als zehn Minuten bei der Stange halten würden. Das Unterhaltungspotenzial ostdeutscher Themen in westdeutschen Runden hält sich wirklich in Grenzen. Wenn man nicht gerade spektakuläre Stasiverhörstorys aus der eigenen Familie oder Anekdoten über Neonazigewalt im Osten zu bieten hat, sucht der Gesprächspartner recht flott den Weg zur Käseplatte. »Du, ich hol mir noch 'nen Happen. Bis später, ne?« Die meisten halten ihr Ostfenster dicht verschlossen, kippen es höchstens mal für zehn Minuten an, um ein bisschen kühle Luft reinzulassen, aber dann wollen sie es wieder gemütlich haben.

Bei unserem Frauenabend aber hatten wir sogar die Terrassentür geöffnet. Jede von uns wollte den Abend so gut

wie möglich nutzen, so viel wie möglich loswerden, abglei-
chen, erfahren.

Was ich zu meinem Erstaunen schnell feststellte: Die beiden anderen haben offenbar einen sehr viel stärker ausge-
prägten *Ostriecher* als ich. Sie erzählten, dass sie andere
Ostdeutsche in einem mehrheitlich westdeutschen Umfeld
leicht erspähen würden. Jetzt nicht so nach dem Motto: Ich
habe sie als Ossi erkannt, weil sie so *ostig* aussah oder eine
Banane in der Hand hatte. Es geht mehr um die Schwingun-
gen. Ob in der Freizeit, im Urlaub oder bei der Arbeit, die
wenigen Ossis würden sich gegenseitig ausmachen, meinten Susanne und Kristin. Und nicht nur das: Man würde
auch leichter andocken, Bekanntschaft oder sogar Freundschaft schließen. Da gebe es eine relativ hohe Erfolgsquote.
So was kannte ich nicht. Ich finde das ja schön, habe
nichts daran zu kritisieren, und klar: Wenn ich auf Partys
in Hamburg einem Lausitzer begegnete, gibt es auch ein
kleines Hallo. Mensch, auch ausm Osten, siehste mal!
Aber das war es dann auch. Ich hatte zumindest bislang keine Sehnsucht danach, mit der Lausitzer Zufalls-
bekanntschaft die eigene DDR-Vergangenheit, das Leben
der Eltern oder das West-Ost-Lohngefälle zu analysieren.
Und vielleicht ist es auch gar nicht das, was Susanne und
Kristin suchen. Sie berichteten eher von einem Gefühl des
Vertrautseins, des gegenseitigen Verständnisses, ohne sich
groß erklären zu müssen. Da ist auf einmal in der Menge
jemand, der den gleichen Erfahrungsraum hat, einen vergleichbaren kulturellen Hintergrund. Sicherlich, wenn sich
zwei Bochumer zufällig in Manhattan begegnen, dann geht

es ihnen ähnlich. Dann sind sie auch zwei, die sich finden und Gemeinsamkeiten ausmachen, zwei aus einer kleinen Seifenblase, die in die weite Welt hinausgeflogen ist.

Doch bei Susanne und Kristin kommt noch etwas hinzu: Rückbezüge auf das frühere Alltagsleben in der DDR empfinden sie als heikel, wenn sie mit Wessis sprechen. Die Zeit im Kindergarten, welche Bücher gelesen wurden, welche Kindersendungen man gesehen hat, in welchem Sportverein man war, wo man mit der Familie Urlaub gemacht hat – alles bekommt rückblickend betrachtet möglicherweise einen ideologischen Beigeschmack. Irgendwie ja auch zu Recht, denn die Ideologie hatte sich in der DDR ja auch wirklich in die meisten Bereiche des beruflichen und privaten Lebens eingefressen. Aber selbst, wenn es unschuldige Erinnerungen an Kindheitstage auf der Blumenwiese sind, es bleiben Erinnerungen an eine Blumenwiese, die in einem diktatorisch geführten Land blühte, und es stehen automatisch Fragen im Raum: Warum habt ihr all das einfach so mitgemacht? Gibt es ein unschuldiges Leben in einem Unrechtsstaat? Und findest du das heute noch okay?

Diese Fragen würden den Bochumern in Manhattan nicht gestellt werden, den Ostdeutschen im Westen aber womöglich schon – dazu müssten sie nicht einmal ausgesprochen werden. Das ist ein Faktor, der eine erstaunliche Kraft entwickeln kann. Diese Kraft führt offenbar selbst Menschen zueinander, die nie politisch mit dem System der DDR verwachsen waren, sondern damals einfach Kinder.

Obwohl, in welchem Alter man überhaupt wie sehr mit dem System verwachsen sein konnte, ist ja auch noch die Frage. Susanne, Kristin und ich stellen fest, dass wir alle drei in unserer DDR-Schulzeit mal im Pionier- beziehungsweise Gruppenrat waren. Anders als beim heutigen Klassensprecherprinzip gab es dort den Schriftführer, den Wandzeitungsredakteur, den Vorsitzenden, den Stellvertreter und sogar den Posten des Agitators. Susanne erzählt, dass sie in der Unterstufe Pionierratsvorsitzende gewesen sei und diesen Job sehr ernst genommen und mit viel sozialem Engagement ausgeführt habe. Sie vertrat die Interessen der Pioniergruppe (dazu gehörten alle Pioniere einer Klasse), stand als Vermittlerin zwischen Schülern und Lehrern und war an der Organisation von Spendenaktionen und Wandertagen beteiligt.

Alles in allem aus Sicht eines DDR-Kindes normal, es wurden Neunjährigen ja auch noch keine Verpflichtungserklärungen der Staatssicherheit oder SED-Beitrittsformulare vorgelegt. Aber dennoch folgte mit der vierten Klasse auf das Pionierversprechen ein Gelöbnis und auf die Gebote der Jungpioniere folgten die *Gesetze* der Thälmann-Pioniere.

Zudem war es nicht so ganz einfach, sich der einmal eingegangenen Verpflichtung zu entziehen. Kristin erzählt, wie sie zu Beginn der fünften Klasse nach einem Jahr Gruppenratsvorsitz nicht erneut für diesen Posten »kandidieren« wollte. »Man musste da auch immer diese ewig langen Berichte über die Aktivitäten des Gruppenrats und der ganzen Klasse zusammenschreiben und vortragen.« Die Folge war ein ernstes Gespräch ihres Klassen- und späteren Staatsbürgerkundelehrers mit den von Kristin sehr enttäuschten Eltern. Ersatzweise musste sie dann jahrelang die Position des Essengeldkassierers übernehmen – »ein unbeliebter Job, weil man einmal in der Woche die große Hofpause damit zubrachte, die Essens- und Milchmarken zu verkaufen, das Geld zu zählen, in ein Buch einzutragen und im Sekretariat abzuliefern«.

Kristin berichtet davon im heiteren Ton, auch wenn zu spüren ist, dass das für die Elfjährige damals eine schwierige Situation war. Für Susanne hatte die Pionierratszeit in ihrem kurzen sozialistischen Lebenslauf im Nachhinein fast einen traumatisierenden Charakter – mit Folgen bis heute. Denn die Tatsache, dass sie in der DDR mit so viel Einsatz ihr Amt ausgefüllt und sich – wie es früher immer hieß – *für die Sache* eingesetzt hatte, hat sie für immer geprägt. Sie sagt, der Umbruch und das Ende der DDR hätten ihr schmerzhaft klargemacht, dass sie blind in die falsche Richtung mitgelaufen sei, dass sie sich einfach so habe vereinnahmen lassen, ohne nachzufragen. Und sie habe beschlossen, dass ihr so etwas nicht noch einmal passieren würde. Sie werde in ihrem Leben in keine Partei eintreten oder sich noch einmal so sehr in etwas hineinwerfen.

Ich finde es schon bemerkenswert, was Susanne uns da erzählt. Letztlich zeigt es, was der Zusammenbruch eines Landes für Folgen allein bei einem Kind haben kann, wie viel Unsicherheit und Zweifel daraus entstehen können, die einen möglicherweise ein Leben lang begleiten. Auch ich war in der Unterstufe mal Pionierratsvorsitzende. Und ich würde die Aufgabe im Nachhinein nicht als politisch geprägte Mission betrachten, sondern eher als das, was Klassensprecher heute machen: einen Job, den in jedem Schuljahr jemand übernehmen muss, die eine mit mehr, der andere mit weniger Lust. Kristin sagt hingegen, es sei ihr erst sehr viel später klar geworden, dass sie schon in ihrer Grundschulzeit »voll auf die Schiene gesetzt« worden ist.

Wenn wir es an dieser Stelle schon weitertreiben wollten, könnten wir jetzt fragen: War ich auch eine von den vielen, die heute über ihre Vergangenheit in der DDR sagen würde: »Es war halt so. Ich habe auch nur das gemacht, was von mir verlangt wurde, ohne viel nachzudenken.« Manche würden diese Art der Auseinandersetzung mit dem Verhalten in ihrer Kindheit vielleicht für übertrieben halten, andere für angemessen, weil die sozialistische Indoktrination nun mal im Kindesalter anfing. Und ich finde: Die Diskussion darüber muss erlaubt sein.

Vielleicht setze ich mich weniger stark mit meiner eigenen Vergangenheit auseinander. Das will ich gar nicht ausschließen. Es kann aber auch einfach sein, dass Susanne, die zwei Jahre älter ist, ihre Lebenszeit in der DDR besser und bewusster reflektieren kann. Ob man zehn oder zwölf oder vierzehn war, als die DDR zusammenbrach, das macht eben schon einen ziemlich großen Unterschied.

Ich habe mir oft gewünscht, ich wäre älter gewesen, als die Mauer fiel. Ich hätte dieses einmalige Ereignis gerne wacher und mit größerem politischen Bewusstsein erlebt, als es mir als Neunjähriger möglich war. Die großen Bilder und Sätze, die taumelnden und feiernden Menschen, das flog alles an mir vorbei. Mittlerweile bin ich mir nicht mehr sicher, ob ich nicht auch Glück gehabt habe, dass ich zu DDR-Zeiten noch so jung und unpolitisch war.

Was Susanne, Kristin und ich jetzt als Erwachsene auf jeden Fall gemeinsam haben: Wir wollen aufarbeiten – was immer das so genau heißt. Wir sind politische Menschen aus der Wendegeneration. Jede von uns hat ihr Bild, das sie von der DDR hat, aus einem Riesenfundus aus Erzählungen, Referenzen und eigenen Erinnerungen zusammengesetzt. Es sind so alle möglichen Collagen entstanden, alle Schattierungen kommen vor. Wir können unsere Bilder jetzt nebeneinanderhalten und darüber ins Gespräch kommen.

Dazu gehören auch viele und endlose Diskussionen mit den Eltern, von denen Jede von uns berichten kann. Die Auseinandersetzung mit der Elterngeneration, die immerhin das halbe Leben – Kindheit, Jugend, Ausbildung, Familiengründung – in der DDR verbracht hat, ist ein Riesenthema. Wir Töchter sind für unsere Mütter und Väter so nah und doch so fern. Wir sind Kinder, die wie alle anderen auch vom Wissen der Eltern lernen und profitieren sollen. Doch das, was sie uns weitergeben können, sind Lebenserfahrungen aus einem Land, das es nicht mehr gibt, aus einer Welt, die anders funktionierte. Danach kam die Zeit der großen Verunsicherung. Wie sollten sie uns nun Ratschläge geben, wenn sie die neuen Spielregeln selbst nicht kannten oder in ihrer Anwendung unsicher waren? Wir alle drei haben uns dann auch noch gegen ein Leben in der mecklenburgischen oder sächsischen Heimat entschieden und für ein Leben mit Partnern aus Niedersachsen, Hessen oder dem Rheinland. Wir haben uns entfernt von der Welt unserer Eltern. Und sicher haben wir uns auf diese Weise auch zu einem Teil befreit von der Last und der Schwermut, die das Leben in der DDR und die Umbruchserfahrung mit sich brachten. Oder wenigstens haben wir das versucht.

Die Beschäftigung mit der DDR ist für mich auch immer ein Emanzipationsprojekt. Es ist der Versuch, sich ein eigenes unabhängiges Bild von diesem Land zu machen, dessen Erbe wir verwalten müssen. Ich sagte es schon: Was wir nicht erben wollen, ist die Bitterkeit, die viele erfüllt hat, die jetzt oftmals wieder hochkommt und die die Aufarbeitung, so wie wir sie uns wünschen, nur schwer möglich macht.

Klar, wir können alle Fragen stellen, können unsere Eltern schonungslos ausquetschen. Wie weit wart ihr bereit zu gehen *für die Sache*? Wo war eure Grenze? Hattet ihr überhaupt eine? Inwieweit wusstet ihr, wie der Laden läuft? Was habt ihr erst später erfahren? Habt ihr euch was vorzuwerfen? So eine intensive Konfrontation ist aber nur selten möglich zwischen den Generationen. Erstens ist es nicht immer so einfach, diese Fragen zu stellen. Zweitens ist es unklar, welche Antworten man bekommt. Die Eltern sind zu nah dran an der Vergangenheit und wir zu nah dran an ihnen. Ein älterer Freund sagt, die Aufarbeitung kann wahrscheinlich erst richtig losgehen, wenn er und die anderen aus seiner Generation tot seien. Da mag was dran sein. Denn noch sind so viele Verletzungen im Spiel.

Es gibt in der Soziologie verschiedene Namen für unsere – Kristins, Susannes und meine – Generation der zwischen 1975 und 1985 Geborenen. Wir sind die Wendegeneration oder die Generation der Unberatenen.

Kristin nennt uns Zugehörige der Filtergeneration. Wir sehen uns einerseits als Vermittler zwischen Ost und West, andererseits haben wir einen Aufarbeitungsbedarf, der nicht wirklich befriedigt wird. Wir filtern andauernd in beide Richtungen und müssen nebenher unsere eigene Haltung und Position definieren. Eine ziemliche Aufgabe.

Siehe Susanne, die gerade noch erzählt hat, dass sie ihre Vergangenheit als Gruppenratsvorsitzende schwer geprägt hat. Keine Stunde später schlüpft sie – vielleicht, ohne es zu merken – in die Rolle ihrer Eltern und bemüht die klassischen DDR-BRD-Vergleiche, die uns aus unserer Heimat so vertraut sind. Sie fragt: »Was ist denn heute wirklich besser? Wenn alle über den Schrotthaufen sprechen, der die DDR wirtschaftlich gesehen war, muss man doch fragen: Haben wir denn heute ein gesundes Wirtschaftssystem?« Diesen Rollenwechsel vollzieht Susanne mal eben zwischen Nudelauflauf und Dessert. Ich kenne dieses Wanken. Es zeigt besonders deutlich, wie sich viele aus meiner Generation abarbeiten an den Älteren. Wir wollen uns von ihrer Skepsis und ihrem Schmerz emanzipieren, wollen aber gleichzeitig ihre Welt verstehen und experimentieren deshalb mit ihren Argumenten.

Das ist ein Vorgang, der für Außenstehende – auch unsere westdeutschen Ehemänner – nicht immer nachvollziehbar ist. Ist ja auch kompliziert und teilweise ziemlich irrational. Und auch die DDR-Eltern wissen, was sie ihren West-Schwiegersöhnen lieber nicht erzählen.

Kristin berichtet von einer Ostscham, die es in ihrer Familie lange gegeben habe. Man versuchte, »Ossihaftigkeiten« so gut wie möglich zu verbergen. Denn Ostdeutschsein galt und gilt mancherorts noch als Makel, als Nachteil. Kristins Eltern konnten es zum Beispiel nicht verstehen, warum ich mich als Fernsehmoderatorin als ostdeutsch *geoutet* habe. Sie finden, ich würde mir damit schaden. Diese

Sichtweise war mir neu, ist mir aber seitdem tatsächlich in einigen Gesprächen begegnet. Sie ist also immer noch da, die Ostscham – und damit sicherlich auch ein Nährboden, auf dem Enttäuschung und Unzufriedenheit sehr gut gedeihen können.

Wir drei Frauen sind uns an diesem Abend über vieles einig, wir erkennen uns in den Anekdoten der anderen. Es ist doch noch ganz schön viel DDR in uns. Vielleicht mehr, als wir gedacht haben. Wenn Ost und West sich voneinander abgrenzen, sich sogar gerade wieder auseinanderbewegen, dann ist das auch unser Problem. Und es ist wohltuend zu sehen, dass wir viele sind – in der Wende- und in den Nachwendegenerationen –, die reden und vermitteln wollen. Dieses Buch ist Teil des Projekts.

3. WAS HAT SO WEHGETAN?

Warum die Ostdeutschen sich von den
Westlern ihr Leben erklären lassen
mussten und dann noch so doof waren,
nicht zu wissen, was *Vitello tonnato* ist

»Leider haben auch Sie nicht verstanden, dass in Ostdeutschland seit dreißig Jahren etwas passiert, was eigentlich in einem aufgeklärten Land wie Deutschland nicht
passieren dürfte – Ostdeutsche werden wieder ›fremdregiert‹, ganze Landstriche ›versteppen‹ und ›veröden‹, weil
Westdeutsche in dreißig Jahren leider nicht bereit waren
dazuzulernen.«

Ich habe unzählige solcher Beschwerden in meinem
Mailordner. Zuschauerpost. Früher, in Zeiten des Briefs,
hätte man gesagt: waschkörbeweise. Und das kam so: Ich
habe im Sommer 2022 zusammen mit dem Autor und
Regisseur Falko Korth einen Film über den Blick meiner
ostdeutschen Landsleute auf den russischen Angriff auf
die Ukraine gemacht: *Russland, Putin und wir Ostdeutsche.*

Die Leitfrage war: Warum schauen viele im Osten so
anders auf den Krieg und die Rolle Russlands als die Menschen im Westen? Was hat das mit gesellschaftlichen Prä-
gungen und Lebensläufen zu tun?

Ich habe meine Eltern besucht, eine frühere Nachbarin aus Güstrow, war auf einer Demo in Dresden, habe mit einer Historikerin und einer Journalistenkollegin gesprochen, mit einem SPD-Lokalpolitiker, einem ehemaligen NVA-Offizier, mit Gregor Gysi und Uwe Hassbecker, dem Gitarristen der Band Silly.

Der Film war ein Vermittlungs- und Aufarbeitungsversuch. Jedenfalls habe ich das so gemeint. Ein Versuch, mit den Älteren ins Gespräch zu kommen, mit denen, deren Weltbild so viel stärker durch die DDR geprägt ist als meines.

Ich will die Reportage hier gar nicht nacherzählen, aber was für mich im Zusammenhang mit dem Projekt doch verblüffend war, waren die Reaktionen. Nicht wegen der Vielzahl an Zuschauerzuschriften, sondern wegen dem, was in den Mails stand. Mir war schon klar, dass da einiges kommen würde.

Darunter Hunderte Mails, in denen die Leute den Versuch, einen Austausch miteinander in Gang zu bringen, gewürdigt haben sowie den Ansatz, überhaupt mal eine rein ostdeutsche Perspektive einzunehmen – und das zur *Primetime* im Ersten und nicht versteckt im Regionalfernsehen. Das allein fanden schon viele bemerkenswert. Und ähnliche Reaktionen gab es gut ein Jahr später nach *Hört uns zu! Wir Ostdeutsche und der Westen.*

Ich komme später noch auf Russland und den Krieg. Aber in sehr vielen der Zuschriften, die Falko und ich erhalten haben, geht es auch um etwas anderes. Um das, was 1990 und in den Jahren danach passiert ist. Aus den Mails und Briefen spricht nicht nur die Prägung durch die DDR, sondern auch durch die Zeit nach ihrem Ende. Auch

Menschen, die den Untergang der DDR herbeigesehnt und die Vereinigung mit der Bundesrepublik uneingeschränkt begrüßt hatten, haben Demütigung, Zurücksetzung und Ignoranz erlebt, haben tiefe Verunsicherung, wirtschaftlichen Abstieg und Zukunftsangst erfahren.

In den Mails der Zuschauer standen Sätze wie dieser: »Die vergangenen dreißig Jahre waren dadurch gekennzeichnet, dass sich viele von uns Ostdeutschen durch die Westdeutschen bevormundet fühlten, obwohl viele von ihnen eine geringere Bildung und Lebenserfahrung besitzen.«

Der Schmerz, den ein erheblicher Teil der Ostdeutschen nach 1990 erlebt haben, scheint kaum verblasst, im Gegenteil: Er ist lebendig, die Bitterkeit, die sich daraus entwickelt hat, ist überall zu spüren. Und auf ein Stichwort brechen die alten Wunden wieder auf.

Es kamen natürlich auch Zuschriften aus dem Westen, aber deutlich mehr trafen aus dem Osten ein. Viele sind beeindruckend lang, fast immer sehr persönlich und emotional, oft mehr als zehn Seiten. Man könnte ein ganzes Buch füllen damit. Und sie zeigen etwas, das mir auch in vielen Gesprächen immer wieder – gerade seit dem Beginn des Krieges Russlands gegen die Ukraine – heftig begegnet: die ganze Ladung Frust und Schmerz, Skepsis und Misstrauen, Enttäuschung und Trauer über das Verhalten des Westens dem Osten gegenüber. Da geht es eben nicht nur um die USA und die NATO, sondern um den Konflikt zwischen Ost und West innerhalb unseres Landes.

So wie auch hier: »Ostdeutsche waren und sind ab 1990 nur dringend benötigte Fachkräfte. Mehr auch nicht …

Kohl, Schröder, Merkel & Co war stets klar, dass Wahlen im Westen gewonnen werden und deshalb ›die Ostdeutschen‹ nie und nimmer im sogenannten ›demokratischen‹ Diskurs eine Rolle spielen, ihre Befindlichkeit in keinster Art und Weise eine Rolle spielt.«

Oder:

»Es fällt uns auch nach dreißig Jahren schwer, fast jeden Tag über die Medien zu hören, wie schlimm es in der DDR war. Die ehemalige DDR-Bevölkerung wurde und wird weiterhin von bundesdeutschen Professoren, von Experten und auch sogenannten Fachleuten auf dem Gebiet der DDR-Geschichtsforschung […] analysiert und verteufelt – wie ein wildes, bösartiges, schlechtes Tier, das man zum Glück einfangen, bändigen und zum großen Teil vernichten konnte.«

»D-Mark und Demokratie sind im Westen mit Aufschwung und Wirtschaftswunder verbunden, im Osten mit Niedergang, Deindustrialisierung, Karrierebrüchen und Entvölkerung. Kein Wunder, dass sich die Fanbasis deshalb im Osten in Grenzen hält.«

»1989 war ein Umbruch für zwei deutsche Staaten, aus dem etwas ganz Neues hätte werden können, wenn man aus beiden Teilen das Gute zusammengefügt hätte. Aber die vornehmlich negativen Erfahrungen, die bei vielen hochkommen, hat die ostdeutsche Bevölkerung gemacht. Es kostete viel Kraft und Mut, sich wieder hochzurappeln. Die Masse hat es geschafft. Und das nicht nur mit dem Geld der westdeutschen Steuerzahler, wie ja von vielen weiterhin angenommen und behauptet wird […]. Man nimmt den ostdeutschen Menschen ihre Identität weg und auch ihr Leben.«

»Und ja, wir leben in einer Demokratie. Ich kann demonstrieren gehen und offen meine Meinung sagen. Nur interessieren tut es keinen […]. Wir Bürger werden schlichtweg nicht gehört. Warum haben wir einen Rechtsruck in Europa? Weil die demokratischen Parteien eine Politik machen, die nichts mehr mit den Sorgen und Nöten der Menschen zu tun hat. […] Und dann wundern sie sich, warum die Menschen in Ostdeutschland rechte Parteien wie die AfD wählen. Weil sie keinen Ausweg mehr sehen, sich verraten und verkauft fühlen. Die Probleme in Ostdeutschland sind nun mal deutlich drastischer als im Westen der Republik.«

»Es ist nicht wie behauptet, dass wir heute ohne Konsequenzen unsere Meinung sagen können. Viele wägen ab, was sie sagen. Wer Kritik an falscher Stelle äußert, riskiert seinen Beruf oder wird von der Öffentlichkeit diffamiert.«

»Ja, Urlaubsreisen in alle Richtungen waren nicht möglich. Aber zum Vergleich zu heute: Auch jetzt kann nicht jeder reisen, wie er möchte, wenn er kein Geld und keine Arbeit hat.«

»Vielleicht sollten Menschen mit westdeutscher Prägung sich einfach etwas zurücknehmen in der von oben herab erfolgenden Beurteilung der ostdeutschen Bevölkerung. Das ist so, als wenn man ständig gesagt bekommt, wie schlecht man als Mensch doch im Osten war und auch noch ist – und jetzt auch noch viele dem rechten Spektrum zugeordnet werden, weil Existenzängste die Menschen auf die Straßen treiben. Das sind beileibe nicht alles Nazis. […] Aber es ist so einfach, in Krisensituationen alles auf den Osten zu schieben.«

Es ist beim Lesen zu spüren, dass all dies keine spontanen Zuschauerreaktionen sind. Es sind Gedanken und Abhandlungen, die am Ende vielleicht eine Erklärung sein sollen. Sie kreisen um etwas, das die Schreibenden intensiv beschäftigt: Demütigung, Niedergang, fehlende Anerkennung, sogar Ausbeutung. Dass es so viele Zuschriften dieser Art gab, nach dem immer gleichen Muster, in ähnlichem Tonfall, hat mich sehr beeindruckt. Etliche bitten um einen persönlichen Austausch. Nicht wenige fordern meine private Anschrift, um direkt mit mir Kontakt aufnehmen zu können. Es gibt also Gesprächsbedarf.

Häufig schreiben die Verfasser dazu, dass in ihrem Umfeld alle so denken würden. Und das macht es ja auch leichter, die persönliche Haltung zu kultivieren. Man ist eben nicht allein mit seiner Meinung, sondern einer von vielen, Dutzenden, Tausenden.

Und wenn beim Lesen der Verdacht entstanden sein könnte, dass hier wohl zum großen Teil die zu Wort kommen, die sich längst radikalisiert haben und jede sogenannte Montagsdemo mitnehmen, dann ist diese Annahme falsch. Und nicht nur das, sie ist auch ein ganz großes, schwerwiegendes Missverständnis. Es geht hier nicht um eine »abgedriftete Minderheit, die uns leider verloren gegangen ist«, wie ein Regierungsmitglied mal zu mir sagte. Es sind nicht nur die, die rechts wählen, keinen Fuß mehr auf den demokratischen Boden bekommen und ihrem Frust freien Lauf lassen.

Es haben auch Hunderte von denen geschrieben, die ein erfolgreiches Leben im wiedervereinigten Deutschland führen, Akademiker oder Selbstständige mit Eigenheimen und Kindern, die sich in der westlichen, liberalen und kapi-talistischen Welt bewegen wie Fische im Wasser. Das muss ich nicht erraten, sondern das schreiben sie in vielen Fällen dazu – wie als Beweis, dass sie es »trotz allem« zu etwas gebracht haben. Dass sie eben keine Dummköpfe und Ver-sager sind, sondern Menschen, die verdammt noch mal ernst genommen werden wollen und sollen und müssen. Nur haben sie eben das dumpfe Gefühl, dass man ihnen diesen Gefallen nicht tun will.

Es ist für viele ein Tabu, außerhalb ihrer Blase so offen zu sprechen. Im eigenen Ort oder mit den Freunden und Kollegen zu Hause, da ist man offen. Die denken ja genauso oder ähnlich. Wie oft ich das schon gehört oder gelesen habe: »Alle bei uns denken so.« Aber mit Leuten von drü-ben oder von noch weiter her offen zu sprechen über das, was man denkt? Lieber nicht. »Die haben ja doch keine Ahnung.« Oder noch schlimmer: »Sie wissen alles besser.«

Meine Eltern zum Beispiel haben auf Reisen oder im Job auch andere Erfahrungen gesammelt. Sie haben Leute aus Köln, Hamburg oder Frankfurt getroffen, mit denen sie sogar über Politik reden konnten. Aber das war immer eine ganz vorsichtige Annäherung und setzte feine Antennen und große Sympathie auf beiden Seiten voraus.

Und es blieben auch immer Dinge unausgesprochen. Dinge, die die anderen mutmaßlich sowieso nicht verste-hen würden. »Das lassen wir lieber. Da haben wir zu viele schlechte Erfahrungen gemacht.« Sie meinen damit auch die Erfahrung, vorverurteilt zu werden, einfach dafür, dass sie es in der DDR ausgehalten haben – mit dem ganzen Mist, der eben dazugehörte. Und so blieben die anderen aus dem Westen eben immer Menschen wie aus einem anderen Land, wie aus einer anderen Kultur. Da kann man auch nicht immer alles erklären und verstehen.

Viele Zuschauer schrieben, was sie ganz öffentlich nicht sagen würden. Das ist nicht das, was jahrelang als Jammerei abgetan wurde, der Schmerz hat bei vielen im Osten eine neue Qualität.

Er war womöglich lange gar nicht mehr zu spüren. In Teilen schien er vielleicht sogar fast vergangen, aber mit Beginn des Krieges in Europa sind die Wunden wieder aufgebrochen. *Der Westen* weiß wieder alles besser. Es gibt da offenbar eine Solidarisierung – im Sinne von: Der Westen will die Russen nicht, so wie er auch die Ostdeutschen nicht wollte. Und – so steht es auch in vielen Zuschriften – er habe die Moral für sich gepachtet, indem er sich auf die Grundwerte der freiheitlichen demokratischen Gesellschaften berufe und Russland, Putin und dessen Handeln pauschal als falsch betrachte. Mit diesem Grundvorwurf lässt sich aus Sicht vieler im Osten nur ganz schwer umgehen – auch und vor allem, weil man es als DDR-Bürger anders gelernt hat.

Es gibt natürlich die, die den Sozialismus für das überlegene System hielten (und halten), auch wenn zur Zeit der DDR bei vielen der allabendliche Blick ins Westfernsehen da Zweifel nährte. Aber spätestens nach der Wiedervereinigung dominierte das Gefühl, vielleicht doch nicht auf der richtigen Seite der Geschichte gestanden zu haben. Und das tut immer noch weh.

Ich bin bereit, diesen Schmerz nachzufühlen, den ich selbst nicht erlebt habe. Ich lese all diese Mails und Briefe, führe viele Gespräche und höre zu. Es muss schrecklich für diejenigen gewesen sein, die nach dem Mauerfall unverschuldet nicht mehr in ihren Berufen arbeiten konnten, weil es den Betrieb nicht mehr gab oder das Jobprofil ein anderes wurde oder dem neuen Chef die alte Nase nicht mehr passte.

Ich will zu all den Büchern und Beiträgen über Wesen und Unwesen der Treuhandanstalt kein weiteres hinzufügen. Ich weiß, dass bei der Treuhand, der Behörde, die das »Volkseigentum« der DDR in die Marktwirtschaft überführen sollte, wirklich viel Mist passiert ist. Ich weiß, dass es Beschiss gab, grobe Fehler und kapitalistische Rücksichtslosigkeit. Ich ahne auch, dass viele Betriebe und Kombinate schon im Sozialismus so kaputt waren, dass sie nicht zu retten waren – jedenfalls nicht mit vertretbarem Aufwand. Aber ich bin sicher, dass die Treuhand, diese für die meisten gesichtslose, kafkaeske Behörde, das schillerndste Symbol für kalte Abwicklung ist. Statt für *Jetzt geht's los!* stand die Treuhand für *Morgen ist Schluss!*.

Der Theologe Richard Schröder, der nach der ersten freien Wahl im März 1990 und bis zur Wiedervereinigung ein paar Monate später Fraktionsvorsitzender der SPD in der letzten, demokratisch gewählten Volkskammer war, hat ein interessantes Buch geschrieben: *Die wichtigsten Irrtümer über die deutsche Einheit.* Darin schreibt er in seinem Treuhand-Kapitel, er könne den schlechten Ruf der Treuhand nachvollziehen bei denen, die damals erleben mussten, wie der Betrieb, in dem doch ihre Lebensarbeit steckte, von einem Tag auf den anderen stillgelegt wurde.

»Jahrzehntelang hatten sie unter widrigen Umständen und mit viel Phantasie den Betrieb am Laufen gehalten und nun war womöglich ihre letzte Aufgabe, den eigenen Betrieb abzureißen und zu verschrotten. Sie hatten sich anderes von der deutschen Einheit erwartet.«

Schröder schreibt auch, dass für den Zusammenbruch vieler Ostunternehmen nicht die Treuhand, sondern die sozialistische Planwirtschaft verantwortlich war und auch das geänderte Konsumverhalten der Ostdeutschen dazu beitrug, dass Produkte schlagartig nicht mehr konkurrenzfähig waren.

Ein Bekannter von mir, der nach der Wiedervereinigung aus seinem langjährigen Job gefeuert wurde, hat es vor Kurzem – mehr als drei Jahrzehnte später – so formuliert: »Wenn das System dich einmal so eiskalt rausgeschmissen und für schlecht befunden hat, woher sollst du da die Kraft nehmen, wieder neu zu starten und mitzumachen? Das kann ich einfach nicht vergessen.«

Ilko-Sascha Kowalczuk, lange der unerbittliche Haushistoriker in der Stasi-Unterlagen-Behörde, hat mal in einem Artikel selbst die Frage gestellt: »Was hat die Regelüberprüfung auf Stasi-Tätigkeit eigentlich mit den Seelen der Überprüften gemacht?«. Kowalczuk ging es um die Frage, ob die Konzentration auf die Stasi und ihre Mitarbeiter nicht die Aufmerksamkeit von der SED, der eigentlich Verantwortlichen für den Überwachungsstaat, abgelenkt habe. Ich kann mir vorstellen, dass die Stasiüberprüfung für sehr viele – belastet oder nicht – eine schwierige Erfahrung war. Denn jeder DDR-Bürger stand nach der Friedlichen Revolution bei einer Bewerbung praktisch unter Verdacht.

Mein Bekannter ist wieder neu gestartet und macht mit, aber es ist ein Mitmachen unter Vorbehalt – vielleicht bis an sein Lebensende. Ohne Übertreibung: Ich glaube, dass viele diese Enttäuschung über Abwicklungen und Misstrauen bis zum Schluss mit sich rumtragen werden. Sie ist ihr Lebensthema.

Es lässt sich nicht auflösen, dass man auf der falschen Seite geboren sein soll, obwohl man doch von klein auf vermittelt bekommen hat, dass man auf der richtigen Seite lebt, ohne Krieg, ohne kapitalistische Aasgeier. Wieso soll das im Nachhinein alles ein Irrtum gewesen sein? Und wie soll jetzt alles wieder gut sein und sich richtig anfühlen? Wieder dieser Schmerz.

Ein Zuschauer aus dem Osten schrieb: »Ich glaube schon, dass es *die* Ostdeutschen gibt, wegen der Wendezeit und der Zeit danach.« Er meint, dass einschneidende Erfahrungen wie die Auflösung eines Landes und die »Übernahme« durch den Westen die Leute auch zu einer Schicksalsgemeinschaft haben werden lassen. Und in dieser Schicksalsgemeinschaft finden sich jetzt viele wieder und sind sich einig.

Was 1989 und danach passiert ist, ist tatsächlich einmalig in der Geschichte. Ein Riesending. Und wenn man selbst mittendrin war als Betroffener – im Positiven wie im Negativen –, dann prägt einen das.

Den 9. November 1989 haben die Menschen im Osten überwiegend als Befreiung erlebt. Er markierte das Ende der ewigen Angst vor dem Staatsapparat. Und vor allem

war mit diesem Tag Schluss mit dem Gefühl des Einge-
sperrtseins, mit dem traurigen Gedanken, dass man selbst
und die eigenen Kinder die Welt jenseits der westlichen
Grenzen niemals würden mit eigenen Augen sehen können.
Für viele begann aber sehr schnell eine neue Zeit der Angst,
davor, sich nicht zurechtzufinden im neuen Leben, nicht
aufgenommen zu werden in die neue Gesellschaft, die
Angst davor, sich nicht mehr zu Hause zu fühlen, vielleicht
nie wieder. Die Beklemmung der DDR-Zeit ist fast naht-
los einer neuen Beklemmung gewichen. Auf die Befreiung
1989/90 folgte die Erschütterung der Neunzigerjahre. Und
man kann das nicht voneinander getrennt betrachten.

Zu dem Gefühl, vom Westen nicht ernst genommen zu
werden, kam für viele ein Verlustschmerz dazu. Mit der
DDR hatte sich nicht nur die Stasi und das Zentralkomi-
tee aufgelöst, sondern auch ein Stück Heimat. Auf einmal
war viel Vertrautes verschwunden, in meinem Fall der Duft
nach Knüppelbrötchen beim Bäcker bei uns um die Ecke
oder der nach der Zuckerfabrik am Stadtrand. Die Knüppelbrötchen wurden nicht mehr gebacken, und der Bäcker
machte bald dicht. Die Zuckerfabrik wurde Mitte der
Neunzigerjahre modernisiert und 2008 schließlich ganz
geschlossen. Außerdem waren viele aus der Familie, waren
Freunde und Bekannte von einem Tag auf den anderen fort.
Viereinhalb Millionen Menschen haben nach dem Zusammenbruch der DDR ihre Heimat verlassen, also etwa ein
Viertel aller Einwohner.

Das Angebot in den Läden änderte sich, die Autos, die
herumfuhren, waren andere, Straßen bekamen neue Na-

men, auch wenn es kurioserweise in meiner Heimatstadt Güstrow bis heute eine Straße der Deutsch-Sowjetischen Freundschaft, »Straße der DSF«, gibt. Das Schulsystem und die Lehrpläne wurden ausgetauscht. Meine Lehrerinnen lernten in der Nacht selbst erst den Stoff, den sie am nächsten Tag unterrichten sollten. Aus dem Kindergarten wurde die Kita, die Stadtverwaltung wurde umgekrempelt, und aus den Bezirken wurden wieder Länder und Landkreise. Das kann man zwar alles toll und richtig finden, aber fest steht: Die Veränderungen waren gewaltig.

Es ist deshalb nicht vollkommen abwegig, von Heimatverlust zu sprechen. Und wenn der Verlust sich mit dem Gefühl paart, dass nach den neuen Maßstäben sowieso alles nicht gut genug war, um ins neue System übernommen zu werden, dann entsteht auch daraus ein Schmerz, der nicht so schnell weggeht und in den berühmten Satz mündet: *Es war nicht alles schlecht.* Wenn ich nachfrage: Was war denn gut?, kommt meistens wie aus der Pistole geschossen: die Polikliniken und das Bildungssystem. Aber ich glaube, es geht gar nicht so sehr um Institutionen oder »Errungenschaften«, sondern um die Frage, ob *das Leben* gut war oder nicht.

Eine Antwort auf den Heimatverlust ist das Festhalten an Produkten wie Rotkäppchen-Sekt aus Freyburg und Zetti-Knusperflocken aus Zeitz und vielleicht als größtem DDR-Relikt am grünen Pfeil, der erlaubt, auch bei Rot rechts abzubiegen. Ausgerechnet der hat überlebt, und nicht nur das – er hat's sogar in den Westen geschafft. Doch nun soll auch er abgeschafft werden, weil er angeblich zu viele Unfälle provoziert. Es wird mittlerweile gefragt, ob der grüne Pfeil nicht zum »gefährlichen Erbe« der DDR gehöre. Der in unserer Charlottenburger Nachbarschaft ist jedenfalls schon weg.

Der Westen darf also alles doof und böse finden, was es im Osten gab, und die, die im Osten sind, haben mal gar nichts zu melden. Darüber können auch die Knusperflocken nicht hinwegtrösten, der Rotkäppchen-Sekt vielleicht schon ein bisschen wirkungsvoller.

Besonders hängen geblieben sind vielen im Osten die ersten einschlägigen Erfahrungen mit Westdeutschen frisch nach der Wiedervereinigung und oft direkt an der eigenen Haustür. Denn während die Leute im Osten zwar zu DDR-Zeiten gelernt hatten, wie man mit Geduld und den richtigen Verbindungen über siebenundzwanzig Ecken Mangelware wie Baumaterial kam, fehlte ihnen jedoch komplett das Gespür für die schnelle Abzocke.

Und so kann fast jeder die eine und auch die andere Anekdote erzählen, wie sie oder er kurz nach der Wende reingelegt wurde, vorzugsweise von Versicherungs- und Immobilienmaklern.

Ich habe Uwe Hassbecker, den Gitarristen der DDR-Band Silly, auf Rügen besucht. Wir sind mit Hassbeckers kleinem Motorboot im Jasmunder Bodden herumgefahren. Hassbecker erzählte eine Anekdote aus Dresden kurz nach der Wiedervereinigung, um seine Gefühle dem Westen gegenüber zu veranschaulichen. Ein Geschäftsmann aus dem Westen sei mit einem Koffer Geld in die Stadt gekommen und habe rumgefragt, wer ihm seine Wohnung verkaufen wolle. Die Ossis waren verblüfft von diesem Angebot, von so viel Westgeld auf einmal. Der Geschäftsmann kaufte innerhalb weniger Tage für eine gute halbe Million D-Mark mehr als zehn großzügige Altbauwohnungen.

Dazu sagte mein Kameramann, der aus Hannover stammt: »Wow, toller Typ. Tja, dem Mutigen gebührt die Rendite. Der konnte ja gar nicht wissen, dass da mal blühende Landschaften entstehen.«

Hassbecker hingegen schüttelte den Kopf: Na ja, so habe er das eigentlich nicht gemeint. »Der Mann hat doch den Ahnungslosen ihre Wohnungen abgeluchst!«

Ich kann mich auch noch an die Heizdecken erinnern, die sie uns auf unserer ersten Auslandsfahrt andrehen wollten, die wir mit dem Bus an die Costa Brava unternahmen. Erst wurden die Erwachsenen mit Sangria abgefüllt und dann in die Verkaufsveranstaltung geschoben. Sie hatten kaum eine Chance. Oder die Reise nach London, wo am Piccadilly Circus in einem riesigen, mit Menschen gefüllten Laden von einem Typen, der vorne auf dem Tresen stand, lauthals tolle Spiegelreflexkameras angepriesen wurden – zum Wahnsinnspreis. Da musste Papa zuschlagen – und später feststellen, dass die Kamera innen hohl war. Nix drin, nur Plaste. Geld weg, Enttäuschung und ein großes Gefühl der Peinlichkeit. Wie konnten wir so doof sein? Wir hätten es besser wissen müssen! Aber woher?

Viele Ostdeutsche wollten ja mitmachen im Westen. Wir haben auch schnell Milka und Nutella gekauft und die Schlager-Süßtafel und Nudossi im Regal liegen lassen. Dass wir dabei aber nicht nur Nudossi Tschüss gesagt haben, sondern einem abgeschlossenen Erfahrungs- und Lebensbereich und dass Nutella auch bald nicht mehr so besonders schmecken würde wie direkt nach dem ersten Öffnen, das ließ sich in der anfänglichen Euphorie nur ganz schwer absehen. Und wer es absehen konnte, wollte trotzdem den Moment genießen.

Die allgemeine Prognose, die Verhältnisse im Osten würden sich innerhalb weniger Jahre denen im Westen angleichen, vermittelte zudem den Eindruck: Wir machen alles richtig. Wird schon gut werden. Für viele im Osten wurde es aber nicht so gut, wie sie es sich anfangs ausgemalt hatten oder es ihnen verkündet worden war.

Und ausgetrickst werden wollten sie natürlich schon gar nicht. Wer will das schon? Das war also das Gefühl, das bleiben sollte: Die Gewinner stauben ab und lachen sich ins Fäustchen, die Verlierer sitzen mit der Fake-Fotokamera auf dem Hotelbett und weinen ins Kissen. Die Rollen waren klar verteilt. Und für viele im Osten sind sie es eben immer noch.

Es ist dann ganz pauschal »der Westen«, der zu diesen Tricksereien und kleinen bis großen Demütigungen damals nichts gesagt oder wenigstens gewarnt hat: Vorsicht, Beschiss gibt's in eurer neuen Welt natürlich auch! Also passt ein bisschen auf, dass ihr nicht gleich in die erste Falle tappt. Stattdessen sind Tausende in mehrere Fallen getappt, und mindestens gefühlt war die Reaktion des Westens: Wow, wie naiv kann man eigentlich sein? Das weiß man doch!

Und was machte dieser Westen außerdem? Er wunderte sich darüber, dass die Ossis aus Protest oder sogar Wut links oder rechts wählen, obwohl man doch Billionen in den

Osten und die blühenden Landschaften und damit ja wohl in das Wohlergehen der Mitbürger investiert hat. Während in Mönchengladbach heute manche Straße eine so hohe Schlaglochdichte aufweist, dass man sie eigentlich nur noch mit Geländewagen befahren kann, gleiten sie in Görlitz über perfekt asphaltierte Wege vorbei an aufwendig restaurierten Häusern. Wie wär's mit ein wenig Dankbarkeit?

Wenn es in den Zuschauerzuschriften immer heißt: Lebensleistung nicht anerkannt, Identität weggenommen, Befindlichkeiten nie verstanden, dann schwingt da auch immer die Enttäuschung darüber mit, dass der Westen den Schmerz des Ostens jahrzehntelang nicht anerkannt hat.

Dabei erscheint es mir gar nicht so irre kompliziert: Wenn ich nach einer *Sportschau*-Sendung mit Kölner Kollegen zusammengesessen und erzählt habe, was vielen im Osten so wehgetan hat und warum und wie das für viele war damals, dann sagen sie sofort: Kann ich verstehen, wäre mir auch so gegangen, ist doch logisch. Ich wünschte, es würden dann noch ein paar Hundert von den Mailverfassern mit am Tisch sitzen und das hören. Ich bin mir sicher, das würde schon sehr helfen.

Solche Gespräche haben offensichtlich in den letzten dreißig Jahren viel zu selten stattgefunden.

Zu Beginn der Neunzigerjahre saßen bei den deutschen Leitmedien wie dem öffentlich-rechtlichen Rundfunk oder beim *Spiegel,* der *FAZ,* der *Süddeutschen Zeitung* fast nur Westdeutsche. Da wurde rauf und runter über den Osten berichtet, der aber keine oder wenig eigene Stimme in den Medien hatte. Und hatte direkt nach dem Mauerfall die

Stasi ausreichend Stoff für heiße Storys geliefert, fokussierten sich die seriösen Medien dann bald auf rechte Gewalt und rechte Tendenzen im Allgemeinen. Und wenn Sie jetzt sagen: Das ist doch immer noch so!, dann gebe ich Ihnen recht und sage: Kommt gleich noch – im nächsten Kapitel.

Ein ähnliches Phänomen wie im Journalismus war auch in der Wissenschaft zu beobachten, bei Historikern und Soziologen. Die meisten kamen aus dem Westen und kannten sich im Osten kaum aus. Ihre Aufgabe war es aber trotzdem, die Entwicklungen einzuschätzen – aus Sicht vieler Ostdeutscher und im Rückblick auch objektiv betrachtet oft nicht besonders treffsicher.

Legendär ist die Aufregung über die Analyse des hannoverschen Kriminologen Christian Pfeiffer, der 1999 die autoritäre DDR-Erziehung für Ausländerhass und rechte Gewalt im Osten verantwortlich machte. Zur Illustration seiner These führte er verhängnisvollerweise den Zwang zur kollektiven »Topf-Zeit« in den Kindergärten der DDR an. Die Empörung über Pfeiffer – fortan »Töpfchen-Pfeiffer« genannt – war riesig. Die Ostjugend war zu Nazis geworden, weil man sie als Kleinkinder gemeinsam zum Pullern geschickt hatte? Das konnte man nur als ostfeindliche Westhetze (miss)verstehen. Und noch heute – fast ein Vierteljahrhundert später – schreibt mir ein Zuschauer: »Unsere Tochter wurde nicht zwangsgetöpft!«

Es kam erschwerend hinzu, dass einige der aus Westdeutschland kommenden Experten in Universitäten und Redaktionen von Dresden bis Greifswald Ansässige aus ihren Jobs verdrängten oder ihnen den erhofften Karrieresprung vermasselten, weil *sie* jetzt dran waren, und sich die Kollegen aus dem Osten hinten beziehungsweise unten anstellen durften.

Es hat nicht immer die Falschen getroffen. Gerade die sozial- und geisteswissenschaftlichen Fakultäten der DDR-Hochschulen waren dem Marxismus-Leninismus besonders verpflichtet und nicht der Freiheit der Lehre.

Als ich 2022 in der ARD-Talksendung *Hart aber fair* zu Gast war, saß dort ein Historiker aus dem Südwesten, der an der Uni Rostock als Professor lehrt. Wieder ein Ostfachmann aus dem Westen. Als der dann auch noch in die ostdeutsche Seele zu blicken versuchte und interpretierte, dass ein Protagonist aus meiner Reportage nicht mehr an die Demokratie glaube, weil er sich wohl eben als Verlierer fühle, da wusste ich: Oh Mann, das ist wieder Zündstoff. Dabei war seine Einschätzung nicht böse gemeint. Er war sogar als Ostversteher in die Sendung eingeladen worden. Genau das haben manche Zuschauer aber gar nicht verstanden: Was er sich erlaube, hieß es nachher in mehreren Zuschriften. Dabei ist ja klar: Die Leute wollen nicht zu Verlierern gemacht werden, schon gar nicht von einem westdeutschen Professor, der im Osten Karriere macht und schönes Geld verdient, indem er über »unsere Menschen« fabuliert. Denn was der Historiker in dem Moment vielleicht nicht bedacht hat: Nicht nur der eine Protagonist aus dem Film fühlte sich angesprochen, als von *Verlierer* die Rede war, sondern Hunderttausende oder sogar Millionen. Verlierer, das ist ein großes Wort im Osten.

Es ist allerdings auch ein Wort, das Hunderttausende andere nicht mehr hören können. Und das sind nicht nur

Leute aus meiner Generation oder noch jüngere. Es sind Leute, die die DDR ebenso bei vollem, auch politischem Bewusstsein erlebt haben, die schon berufstätig waren und Kinder hatten. Es sind Leute, die mit der »großen Demütigungserzählung«, wie es die Autorin Ines Geipel nennt, nichts anfangen können oder wollen.

Peter, ein Ost-Kollege meines Mannes, behauptet: »Ich bin eigentlich gar nicht gedemütigt worden.« Allerdings ist er als Journalist ohne Jobverlust durch den großen Umbruch gekommen. Das machte natürlich vieles leichter. Er ist als Korrespondent für seine Ostzeitung in den Westen, nach Bonn, gegangen. Ihm begegnete also nach 1990 nicht so sehr die vermeintliche Unerbittlichkeit der Marktwirtschaft. Er lernte stattdessen die rheinisch-freundliche Seite der Bonner Republik kennen. Ich bin ja selbst oft in Köln. Und mein Eindruck ist: Die Rheinländer haben's gar nicht so mit dem Demütigen …

Als Demütigung hat Peter allenfalls empfunden, dass er 1989 beim Empfang des »Begrüßungsgeldes« in Westberlin seine hundert Mark der DDR nicht in D-Mark *tauschen* konnte. »Ich hatte das Geld dabei, aber sie wollten es nicht.« Andere Freunde, die den Mauerfall als junge Erwachsene erlebten, haben genau aus diesem Grund ihren Hunderter nie abgeholt. Sie wollten nicht als Taschengeldempfänger in den Westen kommen. Peter erzählt über seine erste Zeit im Westen: »Die wollten eigentlich nichts wissen.« Über das Leben im Osten wurde eigentlich nur gesprochen, wenn es wieder um einen Stasifall ging, der bekannt geworden war. »Und dann stellte sich heraus, dass sie ohnehin schon alles wussten – und dann noch besser als ich …«

Mein Freund Andreas hat schon zu Ostzeiten keinen Zweifel daran gelassen, dass er den SED-Staat DDR ablehnte. Aber auch Andreas, einer der glühendsten Verteidiger von Demokratie und Rechtsstaatlichkeit, den ich kenne, spricht nicht nur freundlich über »die Westler«. »Die konnten mir immer erklären, wie ich gelebt habe«, sagt er.

Und wenn es im Kreis linker Westfreunde um die Friedliche Revolution ging – Andreas gehörte der Arbeitsgruppe an, die im Auftrag des Zentralen Runden Tisches die Stasi mit aufgelöst hat –, dann klang immer durch, dass das ja eigentlich gar keine richtige Revolution war. Denn Revolutionen seien schließlich per Definition links. Und davon könne ja beim Ende der DDR aus naheliegenden Gründen keine Rede sein.

Andreas nimmt manchen im Westen übel, dass sie jahrzehntelang in ihrem Wohlstand saßen, den Sommer in der Toskana verbrachten und den Osten entweder verklärten oder ignorierten. »Wir hatten die Rechnung bezahlt«, sagt er mit Blick auf die DDR-Jahre der Unfreiheit und des wirtschaftlichen Niedergangs. »Und wenn ich nicht wusste, was *Vitello tonnato* ist, wurde ich ausgelacht.«

4. WAS IST DA NUR BEI DENEN IM OSTEN LOS?

Warum man viel zu oft den Eindruck
hat, in den Medien sei eigentlich
das Auslandsressort für die
Ostberichterstattung zuständig

Es gibt nicht »*die* Westdeutschen«. Es wäre den Westdeutschen gegenüber nun wirklich ungerecht, sie alle über
einen Kamm zu scheren.

Ich sage das manchmal zu Westdeutschen, wenn die
Kommentare über »*die* Ossis« allzu flach werden. Das führt
dann immer zu kurzer Verblüffung, verlegenem Lachen
und einem »Ja, klar, sorry«.

Es ist natürlich absolut einleuchtend für jeden *zwischen
Flensburg und Oberstdorf,* dass nicht alle Holsteiner, Westfalen, Pfälzer und Schwaben gleich sind, dass die Menschen
nach Landstrich, Erfahrung, Überzeugung, familiärer Herkunft, Umfeld, Ausbildung, Alter, Geschlecht und so weiter
unterschiedlich sind.

Aber es ist offenbar nicht selbstverständlich, dass die
Menschen *zwischen Kap Arkona und dem Fichtelberg*
ebenso unterschiedlich sind. Allzu oft heißt es »der Osten«,
»die Ostdeutschen«, »die Menschen im Osten«. Sicher, die
Ostdeutschen haben die DDR- und Umbruchserfahrung

gemeinsam. Das ist eine ziemlich einschneidende und dadurch auch irgendwie einigende Erfahrung.

Richard Schröder hat immer wieder gesagt, »der Ostdeutsche« sei erst nach 1989 entstanden. Vorher habe man sich nämlich »als Deutscher im geteilten Deutschland« gesehen. Oder, könnte man ergänzen, als DDR-Bürger. Ich verstehe, was der Leipziger Literaturwissenschaftler Dirk Oschmann meint, wenn er sagt, »der Osten« sei »eine westdeutsche Erfindung«. Da ist was dran. Die pauschalisierende Beurteilung *aller* Ostdeutschen ist natürlich falsch. Aber das Entstehen der »Ostidentität« kam auch aus dem Osten selbst. Die gemeinsame Umbruchserfahrung, gemeinsame Geschichte, gemeinsame Erinnerungen an ein verschwindendes Land waren »identitätsstiftend«. Es war nicht allein der Ossi-Stempel, den Westdeutsche ihnen aufgedrückt hätten.

Die Ostdeutschen haben gemeinsam die DDR erlebt und deren Ende. Aber schon im Umgang mit dieser Erfahrung sind sie sehr verschieden. Es gibt im Osten ebenso unterschiedliche Haltungen, Überzeugungen und Lebensmodelle wie im Westen. Und natürlich sind auch die politischen Überzeugungen nicht bei allen gleich. Überhaupt nicht. Das merke ich ja auch an den zum Teil heftigen Auseinandersetzungen innerhalb ostdeutscher Familien, Freundeskreise und Belegschaften.

Mein Mann hat lange von Berlin aus für die *Sächsische Zeitung* gearbeitet, die in Dresden erscheint. Als dort ab Herbst 2014 Pegida auf den schönsten Plätzen der Stadt demonstrierte, haben seine Kollegen von ihren zum Teil heftigen Streitigkeiten in den eigenen Familien berichtet.

Jeder hatte einen Schwager, eine Schwester, einen Vater oder eine Cousine, die montags gegen »die Islamisierung des Abendlandes«, gegen *Political Correctness* und Angela Merkel demonstriert haben. Für sehr viele Dresdner, die dort leben, war das eine schmerzhafte Zeit. Wegen der Risse, die sich durch die Familien und die Stadtgesellschaft zogen (und ziehen), und wegen des Bildes, das – mal wieder – in vielen Medien über »den Osten« vermittelt wurde.

Es war das passiert, was immer passiert: Redaktionen senden Leute aus, manchmal sind das auch die Korrespondenten vor Ort, die erklären sollen, was »dort« los ist. Ich mag da etwas überempfindlich sein, aber es ist fast immer eine Hier-und-dort-Perspektive, die sich da zeigt. Das ist oft sogar ganz offen und unvoreingenommen gemeint, aber in der Regel wollen westdeutsche Redakteure wissen, was dort, im Osten, los ist.

Es geht ganz selbstverständlich nicht um *unser Land*, sondern um *den Osten*. *Wir* (das sind die Westdeutschen) wollen verstehen, was *die* (das sind die Ostdeutschen) bewegt. Warum sie so drauf sind, wie sie drauf sind. So steht es dann auch über den Beiträgen: »Was ist los im Osten?«. Wenn Tausende »Querdenker« in Stuttgart demonstrieren, fragt niemand: »Was ist los im Westen?« *Der Osten* ist immer ein Spezialfall. Ein Sondergebiet. Mit sonderbaren Menschen.

Dieser Blick von außen führt schnell zu unzulässigen und damit auch zu diskriminierenden Verallgemeinerungen. Meine Freunde in Dresden oder Leipzig sind keine schlecht gelaunten, fremdenfeindlichen Nörgler und

Meckerer, die rechtsextreme Parteien wählen. Und sie haben in ihren ostdeutschen Heimatstädten wiederum Freunde, die ebenfalls keine schlecht gelaunten, fremdenfeindlichen Nörgler und Meckerer sind, die rechtsextreme Parteien wählen. Ich weiß, dass rechtsextreme Parteien in ostdeutschen Bundesländern mehr Stimmen bekommen als in den meisten Ländern im Westen. Aber immer noch wählt auch dort die Mehrheit *nicht* rechtsaußen. Man muss das aber fast immer dazusagen.

Ich finde es gut, dass meine Kolleginnen und Kollegen sich große Mühe geben, nicht rassistischen Stereotypen aufzusitzen. Wenn in einer Silvesternacht in Berlin-Neukölln Feuerwehrleute und Rettungskräfte mit Schreckschusspistolen und Knallkörpern angegriffen werden, dann wird der vermutete oder tatsächliche ethnische Hintergrund der Straftäter nicht blind rausposaunt. Es wird über die sozialen und ökonomischen Bedingungen berichtet, unter denen die jugendlichen Gewalttäter aufgewachsen sind und unter denen sie leben. Es wird der Versuch gemacht einzuordnen. Ich wiederhole mich: Ich finde das richtig, selbst wenn es dabei manchmal zunächst zu Verdruckstheiten kommt. Ich habe aber das Gefühl, dass diese Sorgfalt nicht immer genauso groß ist, wenn es um Ereignisse in Ostdeutschland geht. Ossi-Bashing ist sehr oft unwidersprochen möglich.

Ich stamme aus dem Norden. Ich bin also sprachlich nicht gleich als gebürtige Ostdeutsche zu identifizieren. Manchmal kommt die Rede auf meine Herkunft, und dann folgt fast immer der berühmte Satz: »Aus dem Osten? Merkt man gar nicht!«

Sie können sich vorstellen, wie es Freundinnen und Freunden geht, denen ihre sächsische oder thüringische Herkunft anzuhören ist. »Du kommst aus Dresden? Oh! Was ist da eigentlich los? Kannst du mir das mal erklären?« Eine Hamburger Freundin, die aus der Nähe von Saalfeld stammt, sagt, sie habe es manchmal echt satt, immer Erklärungen über ihre Heimat abgeben zu müssen. Oder gar in Mithaftung genommen zu werden für mutmaßliche oder vermeintliche Verirrungen Thüringer Landsleute. Wer aus Bremen, Recklinghausen oder Augsburg stammt, erlebt so was nicht.

Die Saalfelder Hamburgerin hat vor wenigen Jahren mit ihrem Mann zusammen eine große Geburtstagsparty gegeben. Auf einer Burg in der Nähe von Naumburg – das liegt in Sachsen-Anhalt. Dazu wurden natürlich auch die Hamburger Freunde eingeladen. Und bei einigen, für die Kurzreisen nach Italien, Frankreich oder Dänemark selbstverständlich sind, gab es ein merkwürdiges Zögern. Naumburg? Ein paar haben abgesagt. Die, die kamen, waren geradezu schockiert von der Schönheit des Saaletals und der mittelalterlichen Städte dort. Sie waren noch nie zuvor dort gewesen. Das Bild von den lieblichen Landschaften Mitteldeutschlands hat sich im Westen irgendwie noch nicht so festgesetzt wie das Bild von den krakeelenden Pegidisten.

Die Medienberichterstattung über Ereignisse in Sachsen oder Thüringen hat oft einen ganz ähnlichen Ton wie

Reportagen aus dem Ausland. Wenn man diesen Ton einmal gehört hat, dann kriegt man ihn schwer wieder aus dem Ohr. Und wenn man an der Stelle einmal empfindlich geworden ist, beeinflusst das auch die Wahrnehmung. Es gibt natürlich sehr guten Journalismus, der den Ereignissen und den Menschen gerecht wird. Aber das wird oft eher als Ausnahme empfunden, nicht als Regel. Und dieser Ton, der nicht über *uns,* sondern über *die da* berichtet, vermittelt nicht Anerkennung und heimatliche Geborgenheit. Die Botschaft ist immer: Ihr seid fremd. Ihr seid anders. Ihr seid ein Problem.

Noch mal zu meinem Besuch bei *Hart aber fair:* Frank Plasberg war offen für eine differenzierte Sicht auf den Osten. An einer Stelle aber fragte er – und ich glaube, das war selbstkritisch gemeint: »Haben wir was falsch gemacht? Gab es hier zu viele Ameisenforscher, die sich über die Menschen im Osten gebeugt haben?«

Ich lass jetzt mal die »Ameisenforscher« beiseite … »Wir«, »hier«, »die Menschen im Osten« – man *muss* das vielleicht nicht so verstehen, aber genau das klingt in den Ohren vieler Ostdeutscher nach einer Diskussion, die anderswo über sie geführt wird.

Hart aber fair wird in Köln produziert. Die Sendung hat eine Kölner Redaktion, sie ist aber keine Regionalsendung, die einen Blick *nach drüben* wagt, sondern sie läuft im Abendprogramm der ARD – also bundesweit zur besten Talkshowsendezeit. Und *bundesweit* bedeutet überall in Deutschland – zwischen Aachen und Görlitz.

Was ich hier beschreibe, gilt natürlich nicht nur für den öffentlich-rechtlichen Rundfunk. Alle großen seriösen überregionalen Tageszeitungen sowie die dazugehörigen Onlineportale werden ebenso wie alle wöchentlich erscheinenden Qualitätsmedien von westdeutschen Verlagen und Medienunternehmen herausgegeben. Und die Stammredaktionen sitzen in Westdeutschland. Das merkt man am Ton, an den Themen und an den Shopping- und Reisetipps.

Die *Süddeutsche* kommt aus München, die *FAZ* aus Frankfurt, *Spiegel* und *Zeit* aus Hamburg. Alle haben in Ostdeutschland deutlich weniger Leser als im Westen. In Ostdeutschland leben rund 15 Prozent der Bevölkerung, die genannten vier Medien verkaufen dort jeweils zwischen zweieinhalb und 6 Prozent ihrer Auflage. Und diese Ungleichverteilung der Leserinnen und Leser besteht auch, wenn man berücksichtigt, dass *Süddeutsche* und *FAZ* vor allem rund um München und Frankfurt gekauft und abonniert werden. In Rheinland-Pfalz verkaufen diese Blätter mehr Exemplare und generieren mehr Klicks als in Thüringen.

Die *Zeit* ist vergleichsweise erfolgreich im Osten. Sie hat seit einigen Jahren eine Beilage, die allerdings nicht im Westen erscheint: *Zeit im Osten.* Um es genau zu sagen: Es gibt *Zeit Österreich, Zeit Schweiz* und *Zeit im Osten.* Es gibt also die Hauptausgabe für Deutschland und gewissermaßen drei Regionalausgaben für das deutschsprachige Ausland. Hätte es die Wiedervereinigung 1990 nicht gegeben, sondern eine demokratisierte DDR mit Pressefreiheit, gäbe es wahrscheinlich die Ausgabe *Zeit DDR.*

Ich weiß, das so zuzuspitzen, ist ungerecht. Vor allem möchte ich den Kolleginnen und Kollegen, die von Leipzig aus für die *Zeit im Osten* arbeiten, nicht unrecht tun. Ich lese gerne, was die machen. Dem Osten eigene Seiten zu geben, ist redaktionell sicher ausschließlich gut gemeint. Trotzdem ist es ein bisschen komisch: Österreich, Schweiz, Osten. Dass man Wiener oder Zürcher Themen nicht unbedingt im Hauptblatt haben muss, weil sich dafür in Deutschland zu wenige interessieren, leuchtet ein. Aber gehören die Geschichten aus Sachsen oder Mecklenburg nicht ebenso in die Hauptausgabe wie die Berichte aus Bayern oder Hessen, und nicht nur in die Regionalausgabe?

Das Gefühl, Geschichten, die in überregionalen Medien aus dem Osten erzählt werden, seien vor allem für ein westdeutsches Publikum geschrieben worden, teilen lustigerweise sogar die Ostdeutschen, die diese Geschichten selber produzieren.

Alexander Osang, der hochdekorierte Reporter des *Spiegel*, hat in einer Kolumne über Falko Korths und meinen Film festgestellt: »Ostdeutsche erklären Ostdeutsche für Westdeutsche.« Osang, der schon anmerkt, er selber verdiene mit dem Ossi-Erklären für Westler auch sein Geld, hielt es offenbar nicht für möglich, dass das »wir Ostdeutsche« aus dem Filmtitel *mich* einschließt und dass damit auch all die gemeint sind, die ein kritisches Verhältnis zu Russland haben – oder zur Sowjetunion vor mehr als drei Jahrzehnten schon hatten. Wenn eine im Osten Geborene wie ich über Ostdeutsche berichtet und mit ihnen redet, denkt Osang, das sei ein Film für Westdeutsche.

Osang kam wahrscheinlich nicht auf den Gedanken, dass dies ein Film für alle sein sollte. »Es gab goldgelbe Getreidefelder zu sehen, barocke Kulissen, funkelnde Seen und viel weiten Himmel. Meist schien die Sonne, manchmal stand Kuchen auf dem Tisch. Ich hatte den Eindruck, in einen der Freitagabendfilme der ARD geraten zu sein.« Die Kulisse, schreibt er, sei Teil der Erzählung gewesen: »Ihr habt es doch so viel schöner als früher. Wollt ihr wirklich den Russen zurück?«

Das ist natürlich Unsinn. Falko, der auch aus dem Osten stammt, und ich waren durchs Land gefahren, um mit Menschen zu sprechen. Und weder wir noch die Redakteure in Hamburg und Berlin haben gesagt, macht's mal möglichst hübsch, damit die Ossis merken, wie gut es ihnen geht … Wir haben unsere Gesprächspartner dort aufgesucht, wo sie waren. Dass es da schön aussah, war keine Inszenierung – weder pädagogisch für die ostdeutschen Zuschauer noch, um Touris aus dem Westen anzulocken.

Bei mir zu Hause in Mecklenburg funkeln die Seen eben, und der Himmel ist weit (bei Osang in der Uckermark übrigens auch). Und bei Sonne sieht es besonders schön aus. Und, ja, bei Dokumentationen im Fernsehen wird heute vielleicht mehr Wert auf Ästhetik gelegt, es werden Kameradrohnen für Bilder aus der Vogelperspektive eingesetzt und zusätzliche Scheinwerfer – aber das betrifft nicht nur Filme über Ostdeutschland.

Ich habe schon darüber berichtet, wie intensiv die Reaktionen auf die Dokumentation vor allem im Osten waren. Und dass viele durch diesen Film das Gefühl hatten, überhaupt erstmals an der gesamtdeutschen Debatte über den Umgang mit Russlands Angriff beteiligt und dabei ernst genommen zu werden. Dass viele Westdeutsche dabei etwas für sie Neues erfahren konnten, ist schön. Aber mindestens ebenso wichtig war der Film für ostdeutsche Zuschauerinnen und Zuschauer.

Ich schreibe das hier so ausführlich auf, weil ich damit die Schieflage verdeutlichen will, die die Ost-Wahrnehmung in den Medien und die Medienwahrnehmung im Osten hat. Medien sind vielfach eben Westmedien. Fernsehen ist häufig immer noch »Westfernsehen«.

Ich habe Freundinnen, Freunde und Bekannte, die wie ich noch in der DDR geboren wurden, gefragt, wo sie heute noch echte Benachteiligungen Ostdeutscher sehen. Fast alle haben das Bild Ostdeutschlands in den Medien genannt. Und die Vorurteile, die ihnen auch persönlich begegnen.

Und fast alle haben gesagt, sie empfinden die fehlende Repräsentanz von Ostdeutschen in Führungspositionen als ungerecht. Darum geht's im nächsten Kapitel.

5. WAS HEUTE SONST NICHT STIMMT

Warum fehlende Repräsentanz, Einkommenslücke und Abwanderung auf die Stimmung drücken

Ein Fünftel der Menschen im Land stammt aus dem Osten. Der prozentuale Anteil der Chefinnen und Chefs, der Offizierinnen und Offiziere, der Staatssekretärinnen und -sekretäre und der Behördenpräsidentinnen und -präsidenten ist einstellig. Da haben wir die nächste Schieflage.

Dass es dazu kam, ist aus der Friedlichen Revolution und der Situation nach der Wiedervereinigung zu erklären. Im dritten Kapitel ging es schon um das verbreitete Gefühl, der Osten werde »fremdregiert«. Aber 1990 gab es im Osten selbst den dringenden Wunsch, die Spitzenpositionen in Verwaltung und Justiz nicht mit den »alten« Leuten zu besetzen, die fast ausnahmslos aus dem SED-Parteiapparat stammten. Für viele dieser Posten kamen Westdeutsche. Das ist ein großer Unterschied zu den anderen Ländern Osteuropas. Dort wurden Polen durch Polen und Tschechinnen durch Tschechinnen ersetzt, nicht wie bei uns DDR-Bürger durch Westdeutsche. Auch in den östlichen Nachbarländern mag es Spannungen geben, aber es wird dort wohl niemand behaupten, Polen hätten Polen kolonisiert.

Viele Stellen in Ostdeutschland wurden 1990 und danach neu besetzt – manchmal auch mit mittelmäßigen Leuten aus dem Westen. Es kamen auch die, die es mit einer Karriere im Westen vielleicht schwerer gehabt hätten. Sven, mein Journalistenmann, erzählt, es habe in den Neunzigerjahren in Sachsen westdeutsche Beamte gegeben, denen man den spöttischen Zusatz »EdK« angehängt habe. Das stand für »Ende der Karriere« und bedeutete: Der hat durch Versetzung in den Osten noch eine Beförderung geschafft, aber jetzt ist Schluss. Mehr ist für den nicht drin. Und diese »EdKs« verstopften dann für den ostdeutschen Nachwuchs jahre-, manchmal jahrzehntelang die Karrierewege.

Aber ich weiß nicht, wie es anders hätte gehen können. Noch mal Richard Schröder: »Wenn es gute Gründe für die Vereinigung gab, also für die Übernahme der westlichen Ordnungen, dann gab es auch gute Gründe, für den zügigen Neuaufbau der Institutionen westliche Fachleute zu holen.«

Mir leuchtet das ein. Und ich finde es okay, dass die nicht alle nach fünf Jahren wieder weggeschickt wurden. Ich bin außerdem davon überzeugt, dass es auch im Westen weiterhin ausreichend mittelmäßige Mitarbeiter in der Verwaltung gibt.

Es ist jedenfalls merkwürdig, wenn sich Menschen, die vor dreißig oder fünfundzwanzig Jahren mit ihren Familien von West nach Ost gezogen sind oder dort Familien gegründet haben, dafür rechtfertigen müssen, dass sie als Westdeutsche in Ostdeutschland Karriere gemacht haben. Sie erleben ihrerseits, irgendwie fremd zu bleiben und nie ganz dazuzugehören.

Der »Überhang« der Westdeutschen in Führungspositionen hat vielleicht auch was damit zu tun, dass vor 1989
durch Ausreise (vor allem nach der Ausbürgerung des
Dichters und Liedermachers Wolf Biermann 1976) und
seit 1990 durch Abwanderung massenhaft ehrgeizige junge
Menschen in den Westen gegangen sind. Sie haben dort
Karriere gemacht und Kinder bekommen. Und sie werden
in den Ost-West-Statistiken vermutlich oft nicht gezählt.
Da ist die Zuordnung ja auch ein bisschen schwierig.

Okay. Es gibt also diese historischen Gründe für die
Schieflage. Aber mir und den Menschen, mit denen ich
gesprochen habe, fällt auf, dass sich an dieser unproporti-
onalen Verteilung von West- und Ostdeutschen auf wich-
tige Positionen in diesem Land auch dreißig Jahre nach der
Friedlichen Revolution wenig ändert. Dass wir schon eine
ostdeutsche Kanzlerin, einen ostdeutschen Bundespräsidenten, einen ostdeutschen Bundestagspräsidenten und
mit Michael Ballack sogar einen ostdeutschen Kapitän der
Fußballnationalmannschaft hatten, hat die grundsätzlichen
Zahlenverhältnisse nicht erkennbar beeinflusst. Menschen,
die in der DDR geboren wurden, werden immer noch seltener in Spitzenjobs in Staat und Wirtschaft befördert. Für
die Angehörigen meiner Generation, die selbst aus dem
Osten stammen, nährt das natürlich auch die Zweifel an
ihren eigenen Aufstiegsmöglichkeiten. Gibt es eine »glä-
serne Decke« für Ossis?

Carsten Schneider, der Ostbeauftragte der Bundesregierung, sagt: Ja. In der Zeit, als meine Arbeit an diesem
Buch begann, startete er die Initiative »Mehr Ostdeutsche
in Führungspositionen!«. Mit Ausrufezeichen.

Ich habe Schneider im Kanzleramt kennengelernt, wo er sein Büro hat. Ostbeauftragte der Bundesregierung waren lange Zeit vor allem mit Infrastrukturfragen und Unternehmensansiedlungen beschäftigt. Schneiders Thema im vierten Jahrzehnt der Einheit ist besonders die Förderung des ostdeutschen Selbstbewusstseins – rauszukommen aus diesem Gefühl des Zu-kurz-gekommen-Seins. Und das bedeutet zunächst vor allem, dafür zu sorgen, dass Ostdeutsche nicht mehr zu kurz kommen.

Die Analyse, die seiner Führungskräfte-Initiative zugrunde lag, lautet – kurz gefasst – so: 20 Prozent im Land kommen aus dem Osten, aber nur 7,4 Prozent der Führungspositionen in den Bundesministerien und Bundesbehörden sind mit Ostdeutschen besetzt. »Bislang hat das Problem in der Bundesregierung überhaupt keine Rolle gespielt, obwohl es offensichtlich war«, hat Schneider in einem Interview gesagt.

Man könnte an dieser Stelle einwenden, dass die neue Bundesregierung, der Schneider angehört, seit Herbst 2021 die Gelegenheit gehabt hätte, viele Chefposten mit Ostdeutschen zu besetzen, dies aber nicht getan hat – *obwohl es offensichtlich war*. Schneider selbst hat festgestellt, dass auch in der Ampelregierung im Kabinett, bei den Staatssekretärinnen und Staatssekretären, bei den Abteilungsleiterinnen und Abteilungsleitern Ostdeutsche immer noch eindeutig unterrepräsentiert sind.

Aber okay, warum nicht jetzt anfangen? Spät, aber immerhin. Schneider sagt, es gebe aus ostdeutscher Perspektive »ein gravierendes Elitenproblem«. Das wachse sich – anders, als viele dachten – eben nicht im Laufe der

Zeit aus. Deswegen solle in der Bundesverwaltung »sowohl bei der Suche nach neuem Personal als auch bei der Beförderung künftig darauf geachtet werden, Ostdeutsche zu berücksichtigen«. Dass es kein einklagbares Recht auf Ossi-Gleichstellung gibt, weiß Schneider natürlich. Eine Klausel – *Ostdeutsche werden in Bereichen, in denen sie unterrepräsentiert sind, bei gleicher Eignung bevorzugt* – funktioniert mehr als drei Jahrzehnte nach der Wiedervereinigung sicher nicht mehr. Ebenso wenig wie für möglicherweise benachteiligte Saarländer, obwohl das Saarland auch erst 1957 der Bundesrepublik beigetreten ist.

Ich glaube aber auch, dass es gut ist, für diese Frage ein Bewusstsein zu schaffen. Ich habe mich mal mit einem Abteilungsleiter in der Bundesregierung über dieses Problem unterhalten. Er sagt, es gebe nach Stellenbesetzungen in der Regel einen »Ach-herrje-haben-wir-ganz-vergessen-Effekt«. Der werde aber sehr schnell aufgefangen mit: »Dreißig Jahre nach der Einheit sollte das doch keine Rolle mehr spielen!« Das sagen jedenfalls Westdeutsche. »Und wenn der Ostler muckt, hörst du auch gern: Wie lange wollen wir denn noch in diesen Kategorien denken? Ist es nicht Zeit, die Mauern in unseren Köpfen mal zu überwinden?«

Es ist leichter, eine Mauer zu vergessen, wenn man auf ihrer Sonnenseite steht. Und sicherlich gibt es nach wie vor Fälle, in denen sich westdeutsch dominante Chefetagen aktiv gegen jemanden entscheiden, weil er ostdeutsch ist. Aber die Sache ist kompliziert. Eine Freundin arbeitet in der sächsischen Staatsregierung. Sie stammt selbst aus der Gegend dort. Und sie sagt, es sei oft schwer, qualifizierte ostdeutsche Bewerber für die Spitzenpositionen zu finden.

Wer heute Abteilungsleiterin oder Ähnliches wird, ist in der Regel um die fünfzig. Das heißt, sie oder er hat in der DDR oder kurz nach ihrem Ende die Schule abgeschlossen. Damals wurden nur 15 Prozent eines Jahrgangs überhaupt zum Abitur zugelassen – halb so viele wie im Westen. Das heißt, es gibt aus den Geburtsjahrgängen um 1970 im Osten deutlich weniger Abiturienten – und in der Folge auch weniger für Führungsjobs qualifizierte Akademiker. Der Rostocker Soziologe Steffen Mau schreibt in seinem Buch *Lütten Klein,* die DDR sei in ihren späten Jahren »möglicherweise das einzige entwickelte Land, das über die Zeit seinen Studierendenanteil verringerte«. Als ich das gelesen habe, war ich verblüfft, dass dieser Aspekt in der Diskussion über Ostdeutsche in Führungspositionen überhaupt keine Rolle spielt.

Außerdem, sagt die Freundin aus Sachsen, gab es insgesamt weniger Juristen in der DDR, und die, die es im SED-Staat waren, haben häufig 1990 einen Karrierebruch erlebt. So fehlten und fehlen jungen Ostdeutschen die familiären Vorbilder. Es gibt im Osten keine stolzen Anwaltsdynastien. Rechtsanwalts- und Richterkinder, -neffen und -enkel studieren häufiger Jura, weil sie eine Vorstellung haben, was das eigentlich für ein Beruf ist und welche Verdienstmöglichkeiten man hat. Und sie profitieren von den Erfahrungen und Verbindungen ihrer Mütter, Onkel und Großväter.

Da ist das Stichwort: Verbindungen. *Connections.* Netzwerke. Carsten Schneider sagt, die Netzwerke West- und Ostdeutscher seien nicht vergleichbar. »Wir haben nach wie vor westdeutsch geprägte Rekrutierungsstrukturen, und die müssen wir durchbrechen.« Eine andere Freundin, die als Referentin in einem Bundesministerium arbeitet, sieht das auch so: »Es liegt nicht am mangelnden Ehrgeiz Ostdeutscher. Als behindernd erlebe ich eher westdeutsche Netzwerke. Denen geht es natürlich nicht explizit darum, Ossis zu behindern, aber dadurch, dass sie sich immer nur gegenseitig unterstützen, kommen die Ossis eben einfach nicht durch.«

Also gut, ich glaube auch, es kann nichts schaden, Ost-Connections zu unterstützen. Und es gibt ja sogar staatlich unterstützte Netzwerke wie »3te Generation Ost«, das sich die Förderung und Vernetzung von »Wende-kindern« auf die Fahnen geschrieben hat. Ob's hilft? Ich weiß es nicht. Aber ich glaube auch nicht an eine geheime Wessi-Verschwörung zulasten des Ost-Nachwuchses. Und außerdem gehen die 1990 zugezogenen Wessis in der Ost-verwaltung jetzt nach und nach in den Ruhestand.

Zu Schneiders Führungskräfte-Initiative noch eine Fuß-note: Das große Interview, das der Ostbeauftragte dazu gegeben hat, erschien in der *Zeit*. In der *Zeit*? Na ja, in der *Zeit im Osten*. Das Ostthema schaffte es – mal wieder – nicht in die bundesweite Hauptausgabe. Dabei ist es eigentlich gar kein reines Ostthema. Die Westdeutschen müssten sich dafür interessieren. Nicht aus Mitgefühl, sondern weil mehr Führungsjobs in der Bundesverwaltung für Ostdeutsche ja vor allem eins bedeuten: *weniger* Führungsjobs für Westdeutsche. Aber da haben wahrscheinlich alle erkannt, dass auch diese Suppe gar nicht so heiß gegessen wird, wie Schneider sie kocht …

Der Zustand, wie er jetzt ist, hat übrigens abgesehen von den Fragen nach Einfluss, Einkommen und Ansehen einen unangenehmen Folgeeffekt. Ein Bekannter, der es als Ostdeutscher »geschafft« hat und an einflussreicher Stelle im öffentlichen Dienst des Bundes arbeitet, sagt: »Ich bin immer der einzige Ostler.« Es mag objektiv schwer zu belegen sein, aber daraus erwächst das Gefühl: *Bin ich hier überhaupt richtig? Ist es ein Irrtum, dass ich hier – unter lauter Wessis – überhaupt sein darf? Fliege ich demnächst auf?* Das ist natürlich ein Selbstgespräch, das der Ossi da führt. Und würde er seine Gedanken laut äußern, würde man ihm natürlich empört widersprechen. Dieses Gefühl, eigentlich nicht dazu- und damit auch nicht dorthin zu gehören, kann einerseits zu Verunsicherung führen, andererseits zu Höchstleistungen anspornen. »Ich muss immer doppelt so gut sein wie die mittelmäßigen Wessis«, sagt mein Bekannter. Wer als Frau in einem Männerumfeld arbeitet, weiß, wovon die Rede ist.

Ich glaube, dass gerade Angela Merkel dieses Gefühl sehr genau kennt – als eine von wenigen Frauen unter Männern, als eine von wenigen Ostdeutschen unter Westdeutschen. Man kann es nicht anders sagen: Merkel hat es als ostdeutsche Frau nun wirklich in Führungspositionen geschafft. Und sie hat fraglos dazugehört und ist allen über die vielen Jahre ihrer Regierungszeit zwangsläufig sehr vertraut geworden.

Sie hat aber als Bundesministerin, als CDU-Vorsitzende, als Oppositionsführerin und schließlich als Bundeskanzlerin ihre Ostherkunft öffentlich nie besonders hervorgehoben. Eigentlich bis zum Schluss nicht. Irgendwann hatte sie mal den DEFA-Klassiker *Die Legende von Paul und Paula* als ihren Lieblingsfilm genannt, aber richtig zur

Sache – ostmäßig – kam sie erst in den letzten Wochen ihrer Amtszeit.

Am 3. Oktober 2021, dem Tag der Deutschen Einheit, hat sie beim Festakt in Halle an der Saale eine Rede gehalten. Darin berichtet sie von der Erfahrung, dass »Menschen meiner Generation und Herkunft aus der DDR die Zugehörigkeit zu unserem wiedervereinigten Land auch nach drei Jahrzehnten deutscher Einheit gleichsam immer wieder neu beweisen« müssten, »so als sei die Vorgeschichte, also das Leben in der DDR, irgendwie eine Art Zumutung«.

In einer Publikation der CDU-nahen Konrad-Adenauer-Stiftung heißt es in einem Artikel über Merkel: »Sie, die als Fünfunddreißigjährige mit dem Ballast ihrer DDR-Biographie in den Wendetagen zur CDU kam, konnte natürlich kein ›von der Pike auf‹ sozialisiertes CDU-Gewächs altbundesrepublikanischer Prägung sein.«

Über den »Ballast« war Merkel gestolpert. Und sie widmete ihm in ihrer halleschen Rede zum Tag der Deutschen Einheit einen ganzen Abschnitt. Der Satz stammt von Thomas Brechenmacher, übrigens auch ein westdeutscher Historiker an einer ostdeutschen Uni … Merkel sagte: »Die DDR-Biografie, also eine persönliche Lebensgeschichte von in meinem Fall fünfunddreißig Jahren in einem Staat der Diktatur und Repression – ›Ballast‹?« Sie habe, erzählte sie, im Duden nachgeschlagen, dort stünde unter »Ballast«: »schwere Last«, »Fracht von geringem Wert«, »unnütze Last, überflüssige Bürde«, die abgeworfen werden könne.

»Ich erzähle das hier nicht, um mich zu beklagen«, fuhr Merkel fort. Sie sei »wirklich die Letzte, die Grund hätte, sich zu beklagen«. Sie spreche als »Bürgerin aus dem Osten, als eine von gut sechzehn Millionen Menschen, die in der DDR ein Leben gelebt haben, die mit dieser Lebensgeschichte in die deutsche Einheit gegangen waren und solche Bewertungen immer wieder erleben – und zwar, als zähle dieses Leben vor der Deutschen Einheit nicht wirklich«.

In der Flüchtlingskrise 2015 hatte sie in einer Pressekonferenz den immer wieder zitierten Satz gesagt: »Ich muss ganz ehrlich sagen: Wenn wir jetzt anfangen, uns noch entschuldigen zu müssen dafür, dass wir in Notsituationen ein freundliches Gesicht zeigen, dann ist das nicht mein Land.« Später sah Thomas Schmid in der *Welt am Sonntag* darin eine Distanzierung von der Bundesrepublik. In diesem Moment sei durchgeblitzt, »dass sie keine geborene, sondern eine angelernte Bundesdeutsche und Europäerin ist«.

»Keine geborene, sondern angelernte Bundesdeutsche?«, fragte Merkel 2021 in ihrer Rede zur deutschen Einheit. »Keine geborene, sondern angelernte Europäerin? Gibt es zwei Sorten von Bundesdeutschen und Europäern – das Original und die Angelernten, die ihre Zugehörigkeit jeden Tag aufs Neue beweisen müssen und mit einem Satz wie dem in der Pressekonferenz durch die Prüfung fallen können? […] Wer entscheidet, wer die Werte und Interessen unseres Landes versteht und wer das nicht tut, beziehungsweise eben nur, um das Wort noch einmal aufzugreifen, in ›angelernter‹ Weise? Welches Bild von Wiedervereinigung wird darin sichtbar? Hier die einen, die seit jeher Bundesdeutsche sind, dort die anderen, die Hinzugekommenen, die sich durch Übung etwas aneignen müssen – von geborenen und angelernten Europäern gar nicht zu reden?«

Merkel nahm auf, was viele aus dem Osten empfinden –

diese unterschwellige Diskriminierung als Hinzugekommene, als späte Gäste, als Bundesdeutsche zweiter Klasse. Mich haut es um, dass selbst die Frau, die so oft als »mächtigste Frau der Welt« bezeichnet wurde, diese Kränkung empfindet. Und dass sie das nicht ein paar Jahre nach der Wiedervereinigung äußert, sondern einunddreißig Jahre danach – nach sechzehn Jahren Kanzlerinschaft.

Durch meine ganze Jugend hindurch ging es bei der Ost-West-Gerechtigkeitsdebatte vordergründig immer vor allem um eins: ums Geld. Niedrigere Tarife, ein niedrigerer Rentenwert im Osten. Immer hieß es: Die Wessis kriegen für die gleiche Arbeit mehr. Und so höre und lese ich es auch heute noch. Ich habe aber den Eindruck, dass dieses Thema eigentlich an Wucht verloren hat. Zum Teil vielleicht aus Gewöhnung oder Resignation, zum Teil aber auch wegen der tatsächlichen Zahlen.

Die Angleichung des Rentensystems ist vollzogen – auch wenn das für die Jüngeren, die heute arbeiten und in die Rentenversicherung einzahlen, nicht unbedingt ein Vorteil ist. Aber das wäre ein Thema für ein eigenes Kapitel. Verblüffend war, dass dieses im Osten wahnsinnig stark aufgeladene Thema der Renteneinheit überhaupt keine Welle mehr erzeugte, als die Angleichung vollzogen wurde. Gerade für die älteren Ostdeutschen galt die vermeintliche Schlechterstellung bei der Rente immer als Ausdruck schlimmer Ostdiskrimierung – kein Gespräch über die Benachteiligungen der Ossis ohne die Klage: »Und bei der Rente kriegen wir auch weniger!« Als aber im Frühjahr 2023 – noch dazu ein Jahr früher als geplant – die Ostren-

ten mit den Westrenten gleichzogen, fand das selbst in ostdeutschen Zeitungen kaum Niederschlag.

Bundesarbeitsminister Hubertus Heil hatte die frohe
Ostbotschaft von Kanada aus verkündet, wo er sich auf
einer Dienstreise befand. Er hätte zu Hause ein Riesenfeu-
erwerk abbrennen können: ein wichtiger Schritt auf dem
Weg zu einheitlichen Lebensverhältnissen! Aber nichts
dergleichen. Dass die Renteneinheit zur sozialpolitischen
Kurzmeldung verkümmerte, muss man wohl als Zeichen
ansehen, dass die Luft raus ist aus diesen langjährigen Kon-
flikten. Oder es ist nur ein weiterer Hinweis darauf, dass
manche aus Westdeutschland stammende Politiker (und
Journalisten) eben kein Gefühl für Ostthemen haben.

Bei den Arbeitseinkommen gibt es im Osten eine Zweitei-
lung: In den hoch qualifizierten Berufen verschwindet der
Unterschied oder ist bereits verschwunden, weil schon der
wachsende Fachkräftemangel keine Billigtarife mehr erlaubt.

Das Problem ist allerdings, dass es im Osten immer noch
viele nicht tarifgebundene Arbeitnehmerinnen und Arbeit-
nehmer gibt – und viel weniger hoch qualifizierte Jobs als
im Westen. Das liegt an Zusammenbruch und Abwicklung
der DDR-Wirtschaft, aber auch daran, dass schon nach
dem Zweiten Weltkrieg große Unternehmen ihren Sitz
von Berlin, Dresden, Eisenach, Jena, Leipzig oder Zwickau
nach Westdeutschland verlegt haben. Und dass es trotz
Milliardenförderung seit 1990 nicht gelungen ist, manche
möglicherweise überlebensfähige Ostunternehmen zu retten und ausreichend moderne Industrie aus dem Westen
wieder in den Osten zu locken.

Bei *Zeit Online* gibt es eine kartografische Darstellung der Durchschnittseinkommen in den Kreisen und kreisfreien Städten im Jahr 2022. Da kann man immer noch sehr gut erkennen, wo einst die DDR war. Aber auch in Niedersachsen, Schleswig-Holstein und Rheinland-Pfalz erscheinen manche Gebiete eher blass. Und heute gibt es auch innerhalb des Ostens erhebliche Unterschiede – und das heißt: Gegenden mit ziemlich guten Einkommen. Wo verdient man heute mehr – in Pforzheim oder in Dresden? In Leipzig oder in Kaiserslautern? In Kassel oder in Jena? Na? Laut der Auswertung von *Zeit Online* ist das mittlere Brutto-Monatsgehalt jeweils in der zweitgenannten Stadt höher.

Laut Hans-Böckler-Stiftung lagen die Ost-Tarife 2021 bei 98 Prozent des Westniveaus, die tatsächlich gezahlten Gehälter waren allerdings fast 14 Prozent niedriger als im Westen. Man kann diese strukturellen Unterschiede bemängeln. Aber es gibt auch Zahlen, die in eine andere Richtung deuten. Beispielsweise ist die Altersarmut im Westen höher als im Osten: Im Westen wohnen 80 Prozent der deutschen Bevölkerung, aber 85 Prozent der Grundsicherungsempfänger im Rentenalter.

Die Lebenshaltungskosten sind – soweit ich das beurteilen kann – wenigstens in manchen Gegenden deutlich geringer. Und zwar teilweise in einer ähnlichen Größenordnung wie die Einkommenslücke. Es gibt im Netz sogenannte Lebensstandard-Rechner, die nicht alle seriös sein mögen. Was stimmt, ist, dass man in Dresden einen Lebensstandard erreichen kann, für den man in München oder Düsseldorf ein deutlich höheres Einkommen braucht.

Die Lebenshaltungskosten, die Mieten, die Kitagebühren und so weiter sind in westdeutschen Metropolen oft viel höher als in vergleichbaren ostdeutschen Großstädten. Und ich halte es durchaus für möglich, dass man sich in Leipzig ebenso wohlfühlen kann wie in Hannover …

Mit dem Einkommen – dem heutigen und dem früheren – hängt die Frage des Eigentums zusammen. Ostdeutsche besitzen im Schnitt weniger, sie vererben und erben weniger. Die großen Vermögen, aber auch viele der kleinen, die keinen Reichtum, aber Wohlstand begründen, sitzen im Westen. Das hat auch mit den vergangenen drei, mehr aber mit den vorangegangenen vier Jahrzehnten zu tun. Der sozialistische Staat war nicht der Ort, um nennenswert Privateigentum anzuhäufen und zu vermehren.

Das hat Folgen, die auch Jüngere aus dem Osten heute betreffen. Wer eine Wohnung kaufen, ein Unternehmen gründen oder beruflich was Neues ausprobieren will, hat seltener beruhigendes und hilfreiches Elternkapital im Hintergrund. Mittdreißiger aus dem Osten kaufen sich nicht so schnell eine Eigentumswohnung. Gleichaltrige Westdeutsche bekommen da schon mal eine Finanzhilfe von den Eltern – die ist sogar steuerlich vorteilhaft, wenn man Wohnungseigentum abschreiben oder künftige Erbschaftssteuer vermeiden kann … Und es fällt leichter, ein unternehmerisches Risiko einzugehen oder vielleicht sein Glück als Freiberufler zu versuchen, wenn Mama und Papa sagen, wir halten dich für die Übergangszeit über Wasser.

Und es gibt den guten alten Grundsatz: Haste was, biste was. Eine Leipziger Freundin hat ein Stück sächsischen

Wald geerbt. »Wenn ich davon beiläufig erzähle«, sagt sie, »hat das oft eine verblüffende Wirkung: Anerkennung. Man punktet mit Eigentum. Besitz schafft Vertrauen – vor allem bei konservativen Männern.« Grund und Boden, Haus und Hof stehen für Erfolg, Beständigkeit und Verlässlichkeit. Wenn man diesen Eindruck erwecken kann, macht das vieles leichter.

Der Wald, mit dem unsere Freundin Eindruck machen kann, liegt in Ostsachsen. Das ist eine der Regionen, die auf Europakarten zur Bevölkerungsentwicklung meistens dunkelrot gekennzeichnet sind. Regionen, die in den kommenden Jahren und Jahrzehnten von Alterung und erheblichem Bevölkerungsrückgang betroffen sind und in denen schließlich Entvölkerung droht. Man kann von diesen Prognosen halten, was man will. Man kann – wie ein Freund meines Mannes, der die vergangenen Berufsjahre in der Sächsischen Schweiz verbracht hat – der Überzeugung sein, eines Tages werde sich die Bevölkerungsentwicklung dort umdrehen, einfach, weil der Landstrich so schön ist. Aber vieles spricht dafür, dass es dort demografisch für lange Zeit weiter bergab geht. Das tut es nämlich schon seit mehr als dreißig Jahren.

Der Osten war schon seit der Gründung der DDR immer ein Abwanderungsland. Erst in den letzten paar Jahren gibt es einen »positiven Wanderungssaldo« – mehr Menschen ziehen aus dem Westen oder aus dem Ausland zu als aus dem Osten wegziehen.

Es kommen jetzt ziemlich viele Zahlen. Sie müssen die nicht alle lesen – und ich frage Sie auch später nicht ab. Sie können einfach die nächsten Absätze überspringen und sollten nur wissen, dass seit 1989 um die viereinhalb Millionen Menschen aus dem Osten weggezogen sind.

Die DDR ist aber zeit ihres Bestehens – trotz verhältnismäßig hoher Geburtenzahlen – fast immer geschrumpft. Sie hatte zu ihrer Gründung offiziell rund 18,4 Millionen Einwohner, zu ihrem Ende nur noch 16,7 Millionen.

Es gab ab 1950 eine massive Abwanderungsbewegung, die erst 1961 durch den Mauerbau gestoppt wurde. Die DDR hatte bis dahin schon rund drei Millionen Einwohner an den Westen verloren. So ganz genau lässt sich das nicht sagen. Die Lage war ziemlich unübersichtlich. Denn gerade in den ersten Jahren nach dem Krieg kamen Flüchtlinge aus Ost- und Westpreußen, Pommern und Schlesien dazu, von denen aber viele weiter in den Westen zogen. Und diese Abwanderung setzte sich jahrelang fort. Der Bau der »Grenzsicherungsanlagen« war eine Reaktion auf diesen massiven Verlust an Bürgern und damit an Arbeitskraft.

Es folgten die achtundzwanzig Jahre, in denen die Abwanderung aus naheliegenden Gründen sehr niedrig war. Aber selbst in den Jahren von 1961 bis 1988 schrumpfte laut Statistischem Jahrbuch der Deutschen Demokratischen Republik die Bevölkerung um eine halbe Million – durch legale Übersiedlung in den Westen mit Ausreiseantrag oder durch Flucht.

In den letzten Jahren der DDR war das Thema Ausreise in Familien und Freundeskreisen allgegenwärtig. Demografisch war das aber noch eine halbwegs stabile Zeit.

Das änderte sich mit dem Mauerfall. In den ersten Jahren nach der Wiedervereinigung verließen rund 800 000

Menschen den Osten. Es folgten weitere Abwanderungen in den nächsten Jahren. Zeitweise zahlte das Arbeitsamt Prämien für die Annahme einer Stelle im Westen. Ich weiß von keiner Mitschülerin, keinem Mitschüler aus meiner Güstrower Abschlussklasse 1999, die oder der geblieben wäre. Manche sind in Rostock oder Stralsund gelandet, aber viele sind in den Westen gezogen.

Man liest da viele verschiedene Zahlen. Mal wird der »Saldo« – Wegzüge minus Zuzüge – angegeben, dann gibt es Zahlen mit und ohne Berlin, dann werden die besonders abwanderungsstarken Jahre 1989 und 1990 nicht mitgezählt, weil da die DDR noch existierte. Ich will es nicht auch noch unnötig kompliziert machen – deswegen hier nur zwei Werte: Heute wohnen im Osten rund 2,6 Millionen Menschen weniger als 1988. Das ist der Saldo.

Tatsächlich haben aber seit 1989 viel mehr ehemalige DDR-Bürger (mit ihren vor und nach der Wiedervereinigung geborenen Kindern) ihre Heimat in Richtung Westen verlassen. Die Wochenzeitung *Die Zeit* hat in einer aufwendigen Datenrecherche versucht, die Zahlen aufzuarbeiten. Demnach sind bis 2017 – ohne Berlin und ohne die Jahre 1989 und 1990 – 3,7 Millionen Menschen weggezogen. Mit Berlin und den beiden Revolutionsjahren 1989/90 dürften es rund 4,5 Millionen gewesen sein.

Millionen kamen allerdings auch aus dem Westen (oder aus dem Ausland) dazu, auch zogen mit der Zeit abgewanderte Ostdeutsche wieder zurück. Schwer zu sagen, wie viele es genau sind. Denn die Heimkehrer zählen in der Statistik als Zuzüge aus dem Westen. Aber insgesamt ist die Bilanz der vergangenen Jahrzehnte klar negativ. Daran ändert leider auch der Umstand nichts, dass jetzt ein paar mehr in den Osten ziehen als ihn verlassen. Und die negativen Effekte werden noch verstärkt: Die Geburten gingen in den Jahren nach der Wiedervereinigung drastisch zurück, und vor allem Jüngere verließen die östlichen Bundesländer.

Das Statistische Bundesamt berichtet, dass der Abwanderungsverlust für den Osten insbesondere auf den Wegzug von Personen im jüngeren und mittleren Lebensalter zurückzuführen ist. Im Saldo habe der Osten – Stand 2021 – seit der Wiedervereinigung mehr als 728 000 Personen in der Altersgruppe bis fünfundzwanzig Jahre und rund 495 000 zwischen fünfundzwanzig bis fünfundsechzig Jahren verloren.

Das gehört natürlich auch noch zum Thema »Was hat so wehgetan?« des dritten Kapitels, weil so viele junge Menschen ihre Heimat verließen, Familien sich trennten, Kinder und Enkel gar nicht oder anderswo geboren wurden.

Man kann mit den Schultern zucken und sagen: Auswanderungswellen gibt es immer. Im Osten hatte das aber in den letzten Jahrzehnten eine wirklich große Dimension. Und die Abwanderung in den Westen hat sicher sehr zur Verschlechterung der Stimmung beigetragen. Es ist einfach kein Zeichen der Hoffnung, wenn ein Großteil der jungen Menschen eine Region verlässt.

Die Bevölkerung schrumpft und altert im Osten schneller als im Westen. Und das ist eine Entwicklung, die sich selbst verstärkt.

Im Jahr des Mauerfalls 1989 wurden im Osten 200 000 Kinder geboren. 1994 waren es noch 79 000. Später stiegen die Geburtenzahlen wieder an. Manche, aber keineswegs alle Geburten wurden »nachgeholt«. Und ein solcher Knick pflanzt sich fort. Die Mädchen, die vor dreißig Jahren nicht geboren wurden, bekommen heute keine Kinder. Jede Delle in der Bevölkerungsstatistik hat eine Generation später eine Art Echo. 2022 sind die Geburten im Osten deutlich stärker zurückgegangen als im Westen. Ungeborene kriegen keine Kinder, Abgewanderte kriegen sie woanders.

1990 war die DDR ein junges Land. Das Durchschnittsalter lag unter dem der Bundesrepublik. Heute ist die Bevölkerung im Osten deutlich älter als im Westen. Die fünf Bundesländer mit dem höchsten Durchschnittsalter sind Thüringen, Sachsen-Anhalt, Mecklenburg-Vorpommern, Brandenburg und Sachsen – also alle Ostländer. Die Thüringer sind im Schnitt rund vier Jahre älter als die Baden-Württemberger. In der Stadt Suhl ist das *Durchschnittsalter* der Bürgerinnen und Bürger heute schon über fünfzig. In Sachsen werden bezogen auf die Bevölkerung 16 Prozent weniger Kinder geboren als im Bundesschnitt, in meiner Heimat Mecklenburg-Vorpommern sind es sogar 23 Prozent weniger. In Sachsen, wo viele alte Menschen in Heimen leben, starben – bezogen auf die Gesamtbevölkerung – doppelt so viele Menschen an Corona wie im Rest des Landes. Man kann ohne Übertreibung feststellen: In Ostdeutschland wird weniger geboren, aber dafür mehr gestorben.

Man kann nun wirklich nicht behaupten, alle alten Menschen hätten schlechte Laune. Aber *statistisch* gesehen sind jüngere Gesellschaften gesünder, statistisch gesehen geht es in jüngeren Gesellschaften lebensfroher und lustiger zu.

Und es werden auch nicht um siebzehn Uhr die Bürgersteige hochgeklappt. Die Alterung der Gesellschaft ist ein gesamtdeutsches, sogar ein gesamteuropäisches Problem. In Ostdeutschland bekommt man schon mal einen Eindruck, was das für Auswirkungen hat, weil die Entwicklung da schon weiter fortgeschritten ist.

Die beiden Politikwissenschaftler Ivan Krastev und Stephen Holmes, ein Bulgare und ein US-Amerikaner, haben 2019 in ihrem Buch *Das Licht, das erlosch* versucht, die Entwicklung in den östlichen Staaten nach Ende der Teilung Europas zu analysieren. Auch darin geht es um unerfüllte Verheißungen des freiheitlichen Westens. Was sie über die Abwanderung schreiben, gilt auch für den Osten Deutschlands. Der massive Abfluss der Bevölkerung, besonders die Abwanderung so vieler junger Menschen, »hatte tiefgreifende ökonomische, politische und psychologische Folgen«, schreiben sie. Ausbildung, Talent und Leistungsfähigkeit zogen weg. »Der Exodus junger und gut ausgebildeter Menschen hat zudem die Chancen liberaler Parteien, bei Wahlen gut abzuschneiden, deutlich, vielleicht sogar entscheidend vermindert.«

Es war deprimierend, dass alle gerade dann abhauten, als man das eigene Land wieder attraktiver machen wollte. Ich glaube, dass auch dadurch viel Optimismus und Aufbruchsgefühl verloren ging. Und sich das Gefühl des Zurückgebliebenseins von der DDR in die neue Zeit übertrug.

6. WORAN SICH KEINER MEHR ERINNERN KANN ...

Wie viele Ostdeutsche ihre Heimat, die DDR, verklären

Uns ging es nicht schlecht in der DDR. Ein legendärer Satz, den ich jetzt wieder häufiger höre. Für viele frühere Bürgerinnen und Bürger der DDR ist diese Aussage wahrscheinlich durchaus zutreffend. Jedenfalls innerhalb bestimmter Grenzen.

Ich habe in meiner Kindheit keine wirtschaftliche Not gelitten. Essen, Kleidung, Spielzeug – es fehlte mir an nichts. Klingt jetzt schon omahaft, wenn ich das so aufschreibe. Aber ich romantisiere nicht, wenn ich sage, ich hatte eine glückliche Kindheit. Und die war wirklich nicht von Entbehrungen geprägt. Ich merke, wie sich Westdeutsche manchmal wundern, wenn sie das hören oder wenn sie Fotos aus der DDR sehen, die farbig sind und nicht schwarz-weiß. Vielleicht waren meine Lebensverhältnisse in der DDR der Achtzigerjahre denen im Westen der Siebziger ziemlich ähnlich. Und die meisten Westdeutschen, die zehn, fünfzehn Jahre älter sind als ich, würden ihre Kindheit ebenfalls nicht als Mangelerfahrung beschreiben.

Meine Eltern haben wie viele DDR-Bürger die Lücken in der Versorgung mit Geschick und Witz geschlossen. Oft stand man an – manchmal, ohne zunächst zu wissen, was am anderen Ende der Schlange überhaupt zu bekommen war. Die Geschichten, wie man sich dies oder das besorgte, das gerade nicht verfügbar war – eine Lichtmaschine für den Wartburg, Dachpappe für die Garage, Ersatz für die kaputte Waschmaschine –, sind wirklich unterhaltsam. Sie klingen heiter und manchmal rührend, wenn sie heute auf Familienfesten erzählt werden. Es sind Geschichten einer verschworenen Gemeinschaft, in der man sich gegenseitig unter die Arme griff, aushalf und sich aufeinander verlassen konnte. Und sie werden in einem Ton erzählt, als habe man am Ende jeder erfolgreichen Mission mit einem Bierchen im Kleingarten vor der Laube in der Abendsonne gesessen. Und alles war gut.

Für *Russland, Putin und wir Ostdeutsche* habe ich mich mit einem früheren NVA-Offizier getroffen. Wir haben nicht nur über Russland, die Sowjetunion und sein Verhältnis dazu gesprochen, sondern natürlich auch über die DDR. Er sagte, die DDR werde heute im Fernsehen »in auffallender Häufigkeit« immer nur im negativen Kontext dargestellt. »Wenn ich mir anhand dessen mein Bild von der DDR machen müsste, dann hätte ich in einem Horrorfilm gelebt, die Kinder wurden zwangsadoptiert, Jugendliche wurden in Heime gesteckt und dort gefoltert und gequält. Das mag es alles gegeben haben, aber ich kann doch einen Blick zurück nicht ausschließlich anhand solcher Bilder machen.«

Das stimmt natürlich. *Ausschließlich* anhand solcher Bilder – das würde der Lebenswirklichkeit nicht gerecht. Nicht nur mein Kinderleben, auch das Leben der Erwachsenen hatte glückliche, heitere, sorglose Momente. Mal abgesehen davon, dass die Generation meiner Eltern damals jung war und weder Hüft- noch Prostataprobleme hatte – sie haben sich verliebt, Feste gefeiert, lagen nackt am Ostseestrand, sind ins Riesengebirge oder in die Hohe Tatra getrampt und haben schließlich Familien gegründet. Meine Eltern und ihre Freunde sehen auf den Bildern in den Fotoalben frisch und unternehmungslustig aus. Und sie haben sich sicher auch so gefühlt.

Aber als 1989 die »Wende« kam, konnten die meisten die DDR gar nicht schnell genug hinter sich lassen. Wenn von der »Wendezeit« die Rede ist, dann wird vom Herbst 1989 erzählt, vom 9. November, vom ersten Besuch im Westen, vom Begrüßungsgeld – und dann beginnt eigentlich schon das Kapitel »Nachwendezeit«, wie alles schwierig wurde und was so alles schiefgegangen ist. Selten wird heute über die Volkskammerwahl am 18. März 1990 gesprochen.

Es war die erste freie Wahl in der DDR. Man konnte wählen, wen man wollte – nicht nur Zettel falten und in die Urne werfen, die mit den Namen der Kandidaten der Nationalen Front bedruckt waren. 93,4 Prozent der Wahlberechtigten haben von dieser Möglichkeit Gebrauch gemacht. Das waren 11,4 Millionen Bürgerinnen und Bürger der DDR. Nie war die Beteiligung an einer freien Wahl in Deutschland so hoch wie im März 1990 in der DDR.

Es gab im Wesentlichen zwei Parteien, die für eine Eigenständigkeit Ostdeutschlands eintraten – wenn auch aus sehr unterschiedlichen Beweggründen. Zum einen die SED, die sich in PDS (Partei des Demokratischen Sozialismus) umbenannt hatte und für die DDR Reformen versprach, zum anderen das Bündnis 90, der Zusammenschluss der verschiedenen Gruppen der Bürgerbewegung, von denen die meisten für die DDR einen eigenen Weg finden wollten. Der sollte in Freiheit und Demokratie führen, aber nicht automatisch in die Wiedervereinigung mit der Bundesrepublik. Jedenfalls nicht sofort.

Die PDS erhielt bei der Volkskammerwahl 16,4 Prozent. 2,9 Prozent der Wahlberechtigten der DDR entschieden sich für das Bündnis 90. PDS und Bündnis 90, die Staatspartei und die Anti-Staatspartei der Bürgerrechtler, kamen also zusammen auf nicht mal 20 Prozent. Der Rest stimmte für Parteien, die eine schnelle Wiedervereinigung versprachen. Die Bürgerinnen und Bürger der DDR hatten den Westen gewählt. Und die sehr gut legitimierte, frei gewählte Volkskammer hat dann auch mit großer Mehrheit den Beitritt und den Einigungsvertrag beschlossen. Es ging uns nicht schlecht in der DDR, aber so gut, dass wir sie hätten behalten wollen, ging es uns nun auch wieder nicht.

Ich war am 3. Oktober 1990 zehn Jahre alt. Meine eigenen Erfahrungen als Staatsbürgerin der DDR sind begrenzt. Die DDR, mit der ich mich heute vor allem auseinandersetze, ist die DDR, die in der Erinnerung derjenigen fortlebt, die fünf, zehn, dreißig Jahre älter sind als ich. Es war nicht alles schlecht in dieser DDR. Okay. Aber was war schlecht? Was waren die Gründe, weshalb so viele Bewohner der DDR sie lieber heute als morgen loswerden und ein Westleben beginnen wollten?

Fangen wir mit den harmloseren Dingen an: Die heiteren Geschichten der kleinen Nachbarschaftshilfe, die Anekdoten über irgendwie beschafftes Material spielen oft in einer Grauzone aus Alltagskorruption und Schattenwirtschaft, die nicht nur lustig war.

Ein Beispiel: Mein Freund Thomas Bärsch, der heute fürs ZDF in Dresden arbeitet, erzählt, seine Fahrprüfung 1986 habe erst begonnen, als dem Prüfer der Gegenwert eines Päckchens Kaffee zugesagt worden war. Der Mann trug ein Parteiabzeichen am Revers. Er habe ein Mitglied der Sozialistischen Einheitspartei Deutschlands mit einem Päckchen Kaffee bestochen, »damit mich der Genosse die Fahrprüfung bestehen ließ«, berichtet Thomas.

Viele werden sagen: Also, ich habe meine Fahrprüfung ganz ohne Kaffeepäckchen bestanden! Und das stimmt natürlich auch. Aber ich bin sicher, fast jede und jeder aus der DDR kann solche Geschichten erzählen – aus verschiedenen Bereichen des Alltagslebens. Mein Ostberliner Freund Peter berichtet, für einen Termin zur Durchsicht seines Trabbis musste er in einer Lichtenberger Werkstatt immer fünfzig Mark auf den Tresen legen. Der Trabbimechaniker musste schließlich auch leben ... Irgendwie nicht schlimm. Eigentlich undramatisch. Heißt es nicht »Eine Hand wäscht die andere«? So war das eben. Und ist es heute nicht eigentlich genauso?

Ich komme später noch mal darauf – deswegen hier nur der kurze Einschub: Nein, es ist heute nicht genauso. Jedenfalls erlebe ich das nicht so. Man muss zwar manchmal auch heute auf Zack sein. Gerade in Zeiten der Lieferkettenprobleme gibt es nicht immer alles sofort. Aber wir leben eindeutig nicht in einer Mangel-, sondern in einer Überflussgesellschaft. Und ich habe kein Päckchen Kaffee dabei (und auch keinen Fünfzig-Euro-Schein), wenn ich eine amtliche Dienstleistung in Anspruch nehmen, eine Prüfung ablegen oder ein Fenster neu verglasen lassen möchte. Nicht mal in Berlin, wo es mit amtlichen Dienstleistungen gelegentlich nicht ganz einfach ist. Und wenn irgendwo ein Prüfer eine Gefälligkeit erwartet, steht es sehr schnell in der Zeitung, und der Typ ist seinen Job los.

Thomas hat *Das große Ganze im vielen Kleinen,* ein Buch über seine Kindheit und Jugend in der DDR, geschrieben. Es ist wirklich lesenswert, weil es das Alltägliche, das Besondere, Skurrile, aber auch das Beklemmende und Erstickende der DDR schildert. Thomas will, dass seine heranwachsenden Töchter etwas über das Land, aus dem er stammt, erfahren können, ehe sich endgültig der freundliche Schleier einer milder werdenden Erinnerung darübergelegt hat (oder überhaupt die Hälfte vergessen ist). Ich habe manchmal das Gefühl, die DDR ist schon jetzt irgendwo zwischen *Weissensee* und *Kleo* zu einer mittelgruseligen Kulisse fürs Unterhaltungsprogramm geworden. Ich will den Serienmachern nicht unrecht tun, aber natürlich überschreibt das TV-Bild der DDR schleichend die Erinnerung an das wirkliche Land, aus dem ich komme. Und das DDR-Bild, das meine Kinder gewinnen, speist sich wahrscheinlich mehr aus Filmen und Serien als aus den Erzählungen der Eltern und Großeltern. Verzicht und Enge lassen sich zwar schildern, aber man kann sie aus zweiter Hand nur unzureichend nachempfinden. Das geht mir ja schon so.

Viele im Osten leben heute in einem Zwischenland. Das besteht aus dem Westen mit seinen Möglichkeiten und Annehmlichkeiten. Und aus dem in der Erinnerung verklärten Osten, in dem es nicht stinkt, kein Mangel herrscht, kein Putz von den Fassaden bröckelt und man nicht von politischer Willkür abhängig war.

Die Erinnerung an die menschenfreundliche Ostgesellschaft findet man an den merkwürdigsten Orten.

Der Historiker Ilko-Sascha Kowalczuk, der sich in so ziemlich jeden DDR-Streit wirft, hat sich Anfang 2023 mit Till Lindemann von der Band Rammstein angelegt. Lindemann war vom MDR mit dem Satz zitiert worden: »In der DDR hatten wir nur wenig, aber es gab ein Gefühl der Solidarität, das ich jetzt vermisse. Heute stecken wir bis zum Hals in Konsum, Egoismus und Individualismus.« Kowalczuk nannte das Zitat auf Twitter »dämlich«. Rammstein sei eine DDR-Nostalgie-Band. Über Zusammenhalt und Solidarität sagt er: »Man hat sich mit den unmöglichsten Leuten gut gestellt, um nicht aufzufallen und weil sie Beziehungen hatten, also etwas besorgen konnten, das es sonst nicht ohne Weiteres gab.«

Umgekehrt werden oft angebliche Belege genannt dafür, dass der Staat mies und autoritär war, die aber gar nicht zutreffend sind. Manchmal wird mit Empörung auf Zustände im Osten geblickt und dabei der DDR etwas angehängt, was gar nicht system-, sondern wahrscheinlich zeittypisch war. Ich habe mal irgendwo ein Interview gelesen über das DDR-Schulsystem, über autoritären Zwang und politischen Druck. Da trat zum Beweis der Unmenschlichkeit der DDR-Schule ein schlüsselbundwerfender Lehrer auf. Sven, der in Hamburg aufgewachsen ist, hat gesagt: Komisch, den hatte ich auch. Es ist Quatsch, die DDR von 1989 mit der Bundesrepublik von 2023 zu vergleichen. Man muss 1989 Ost mit 1989 West vergleichen. Und ich bin überzeugt, da schneidet der Westen durchgehend besser ab.

Güstrow, meine Heimatstadt, war ein Zeugnis des Verfalls. Mitschülerinnen, die in der Altstadt wohnten, lebten zum großen Teil in völlig heruntergekommenen, manchmal nahezu verwahrlosten Altbauwohnungen – Risse in der Wand, selbst verklebte Löcher in den Dielen, bröckelnde Kachelöfen und verrußte Zimmerdecken und manchmal ein muffiger Geruch nach schimmelnder Wand.

In Mecklenburg ist die Landschaft idyllisch, und die Seen sind blau, aber die ganzen schönen Häuser in Güstrow, in Rostock, dann in Prenzlauer Berg und Friedrichshain, in Halle und Leipzig, in Dresden und Potsdam waren bewohnte Ruinen mit einem notdürftig aufrechterhaltenen Standard der Vorkriegszeit. In Filmen und auf Fotos sieht das manchmal malerisch aus. Andererseits ist es verblüffend, wie realistisch der Verfall beispielsweise in Spielfilmen oder Serien wie dem *Polizeiruf* im DDR-Fernsehen abgebildet wurde. Man kann das in alten Folgen sehen, die heute im NDR, RBB oder MDR gezeigt werden. Da ist die DDR so kaputt, wie sie wirklich war.

Das Leben der Ostberliner Boheme wirkt von heute aus betrachtet vielleicht ganz schön cool, war aber sehr schlecht beheizt. Im wirklichen Leben war es *belastend* – ein im Osten beliebtes Adjektiv, das man heute nicht mehr so oft hört. Die Menschen zogen aus den heute begehrten

Gründerzeitvierteln in die damals begehrten Plattenbau-
gebiete, weil dort keine Öfen zu heizen waren, weil heißes
Wasser aus dem Hahn kam, weil keine von Zecken befalle-
nen Tauben in den undichten Dächern brüteten und weil
die morschen Fenster nicht zerbröselten. Und nur, wer über
wirklich gute Beziehungen verfügte, konnte sich ein neues
Eigenheim bauen.

Man kann sich das im Zeitalter der ununterbrochenen
allgegenwärtigen digitalen Kommunikation gar nicht mehr
vorstellen: 1990 gab es in der DDR nur 1,8 Millionen Tele-
fonanschlüsse – das heißt: Die Mehrzahl der DDR-Bürger hatte zu Hause kein Telefon oder musste sich einen
Anschluss mit Nachbarn teilen. Wenn die von nebenan
nicht richtig aufgelegt hatten, konnte man nicht telefonie-
ren. Die meisten Auslandsgespräche wurden handvermit-
telt. Man musste bis zu zehn Stunden auf eine Vermittlung
warten. Ich habe beim Nachlesen in einer alten Bundestagsdrucksache zum Aufbau Ost das hübsche Wort »Hebdrehwähler« kennengelernt. Hebdrehwähler bildeten das
Rückgrat der DDR-Telefonvermittlungstechnik. Ein Fünftel von ihnen stammte aus der Zeit der Weimarer Republik.

Die öffentliche Telekommunikationsinfrastruktur
war in der DDR-Planwirtschaft als nachrangig einge-
stuft, heißt es in Bundestagsdrucksache 13/2280. »Es
wurde nicht das Ziel verfolgt, den Bürgern funktionie-
rende Kommunikationsverbindungen bereitzustellen.«
Richard Schröder ergänzt: »In der DDR wurde das Telefonnetz künstlich klein gehalten, weil man sonst mit dem
Abhören nicht nachkam.«

Zig Milliarden D-Mark und Euro sind seitdem in den Neu-
bau des Telekommunikationsnetzes geflossen und natürlich
in die Sanierung der Bausubstanz, in die Modernisierung
der Heizungen und der Gebäudetechnik. Staatliches Geld
in Form von Fördermitteln und Sonderabschreibungen
und viel privates Geld. Ja, das Eigentum liegt heute vielfach in westdeutscher Hand, profitgeile Immobilienunter-
nehmen melken Mieter, die Mieten – gerade in den Großstädten – steigen und steigen. Es gibt viel zu bemängeln.
Es ist nicht alles gut. Aber der Zustand des volkseigenen
Wohnungsbestands der DDR war schlimmer.

Auch ich bekomme sentimentale Gefühle, wenn mir
heute aus der Ferne der Braunkohlegeruch der Ofenhei-
zung in die Nase zieht. Duft der Kindheit. Das geht – habe
ich festgestellt – auch älteren Westdeutschen so. Ich sagte
es schon: Gerade über Gerüche vermittelt sich das Gefühl
für eine vergangene Zeit, für eine verlorene Heimat, für
eine unwiederbringlich vergangene Kindheit oder Jugend.
Allerdings sehnt sich wohl niemand nach der Smogluft in
den DDR-Wintern zurück. In Mecklenburg weht meistens
Wind, da gab es keinen Smog, in Berlin konnte es schon
drückend sein, in Halle litten die Kinder unter Krupphus-
ten.

Diese Emissionen, die sich Kindern und Alten auf die
Bronchien legten, sind praktisch verschwunden. Das hat
zum einen mit großflächigen Industriestilllegungen in den
Neunzigerjahren zu tun, aber auch mit Modernisierungen,
dem Einbau von Filteranlagen, dem Bau neuer Produk-
tionsanlagen, die den europäischen Grenzwerten gerecht
wurden. Im Osten wurde nach der Wiedervereinigung

manchmal beklagt, dass man westdeutsche Milli- und Mikrogrammgrenzwerte einhalten musste, während man noch mit Giftstoffmengen im Kilogrammbereich beschäftigt war. Dass Abwässer vielfach ungeklärt in die Flüsse geleitet wurden, kann man sich heute kaum noch vorstellen. Die Elbe war ein vergifteter Fluss. Heute ziehen Lachse flussaufwärts.

Ich weiß, Deutschland ist hinter seinen eigenen Ansprüchen bei der Reduzierung des Kohlendioxidausstoßes deutlich zurückgeblieben. Dass die Bilanz nicht noch schlechter aussieht, liegt am gigantischen Ab- und Umbau im Osten nach der Wiedervereinigung. Kraftwerke und Industrie der DDR waren wirklich Dreckschleudern. Als die DDR-Industrie in die Knie ging und die veralteten Braunkohlekraftwerke modernisiert wurden, war die CO_2-Minderung so groß, dass die Bundesrepublik jahrelang weltweit als Musterschülerin im Klimaschutz dastand. Deutschland hat in den ersten zehn Jahren nach dem Ende der DDR ungefähr ebenso viel CO_2 eingespart wie in den zwanzig nächsten Jahren. In diesem Jahrzehnt bräuchte man im ganzen Land eigentlich noch mal einen Minderungsschub wie im Osten in den Neunzigerjahren. Oder mehr.

In den drei Jahrzehnten seit der Wiedervereinigung gab es immer wieder Diskussionen darüber, ob die DDR ein »Unrechtsstaat« gewesen ist. Ein Rechtsstaat war sie jedenfalls nicht. Man konnte gegen staatliche Entscheidungen vielleicht durch Eingaben oder Beziehungen manches erreichen, indem man jemanden kannte oder bequatschte, auf Einsicht des Genossen drängte oder an zurückliegendes Wohlverhalten erinnerte. Es gab aber keinen erfolgversprechenden Klageweg vor den Verwaltungsgerichten. Es gab nämlich gar keine Verwaltungsgerichte. Es gab eine »parteiliche«, keine unabhängige Justiz, es gab politische Urteile, und es *gab* die Jugendwerkhöfe, an die der oben erwähnte NVA-Offizier nicht erinnert werden möchte. Jedenfalls empfindet er das Gedenken daran als einseitig und verfälschend.

Aber auch hier war es die 1990 von den Bürgern der DDR gewählte Volkskammer, die eine Überprüfung aller Richter und Staatsanwälte beschlossen hatte und die Entlassung derjenigen forderte, die sich im Justizdienst der DDR der Rechtsbeugung schuldig gemacht hatten. Die letzte Volkskammer war es auch, die die Öffnung der Stasiakten und die Prüfung einer möglichen Stasitätigkeit bei Beschäftigung im öffentlichen Dienst beschloss. Sie bildete 1990 einen *Sonderausschuss zur Kontrolle der Auflösung des Ministeriums für Staatssicherheit* und wählte den ehemaligen evangelischen Pastor und späteren Bundespräsidenten Joachim Gauck zu seinem Leiter. Daraus wurde später die Gauck-Behörde, die die 111 Kilometer Akten der Staatssicherheit verwahrte, erschloss und für Opfer und Forschung zugänglich machte. Die Bundesregierung (West) wollte die Stasiakten übrigens ursprünglich verschlossen halten.

Mein Freund Thomas ist als Fünfzehnjähriger von der Kriminalpolizei in Gegenwart der Staatssicherheit verhört worden, weil er selbst gemachte Plaketten mit der Aufschrift »BFC – nein danke!« verkauft hatte. Der BFC, der Berliner Fussball Club Dynamo – das war der in weiten Teilen der

Republik verhasste Rekordmeister der DDR-Oberliga, der Stasichef Erich Mielke quasi persönlich unterstand.

Thomas wurde ausgequetscht nach den Fernsehgewohnheiten bei ihm zu Hause. Westfernsehen? Wie viel? Und schließlich fragte der Stasimann, ob Thomas klar sei, dass der BFC »eine Mannschaft unseres Staates DDR« sei. Und dass der, der »BFC – nein danke« sage, damit auch deutlich »DDR – nein danke« sage. Dass sei »Staatsverleumdung«! Thomas wurde aufgefordert, einen Grund zu nennen, warum die DDR einen Staatsverleumder wie ihn Abitur machen lassen solle. Später bedeutete ihm sein Klassenlehrer, Thomas könne die Scharte möglicherweise wieder auswetzen, wenn er sich freiwillig zur Offizierslaufbahn bei der NVA melde.

Thomas' Mutter war empört, sie hämmerte auf ihrer Schreibmaschine einen fünfseitigen Brief an den Schuldirektor. Offenbar mit Erfolg. Die Sache verlief im Sande, berichtet Thomas. Aber sie hinterließ einen Jungen, der Verunsicherung und Angst erlebt, den der Staatsapparat eingeschüchtert hatte. »Ich hab gespürt, dass die ganze Nummer ziemlich knapp ausgegangen war, und verhielt mich fortan extrem vorsichtig, auf Diskussionen, bei Maimärschen und so weiter.« Thomas ist nicht im strafrechtlichen Sinne belangt worden. Aber die DDR hatte einen jungen Bürger mehr, der die Klappe hielt – zumindest in der Öffentlichkeit. Beziehungsweise der sagte, was man von ihm erwartete.

»Es war für mich fast wie ein Sport«, schreibt Thomas, »in der Schule so zu tun, als würde ich Überzeugungen vertreten, die nicht meine waren. So zu tun, als sei ich überzeugter SED-Sozialist. Es bereitete eine diebische Freude, den Lehrern irgendwelchen Mist zu erzählen, den ich selbst gar nicht glaubte. Mich als stolzer Staatsbürger zu präsentieren, der ich nicht war. Ich ging auch davon aus, dass die Lehrer das eigentlich wissen müssen, aber nichts machen können, weil ich mich so überzeugend verstellte … und das nicht nur in Staatsbürgerkunde ab der siebten Klasse, sondern auch in Deutsch, in Geschichte, eigentlich in jeder Schulstunde, Tag für Tag, Monat für Monat … jahrelang. Wirklich schräg, wenn man mal heute drüber nachdenkt.« Wirklich.

Eine Freundin, die kurz vor dem Mauerfall als junge Erwachsene über Ungarn in den Westen geflohen ist, sagt, entscheidend für sie sei das Ende der Angst gewesen. »Als ich 1989 in den Zug stieg, mit dem ich von meinem Vorleben in der DDR endgültig Abschied nahm, war das Gefühl beim Anfahren das Abfallen der Angst. Ich war frei und fühlte das körperlich und musste jämmerlich heulen, weil alles von mir abfiel.«

Es gab wohl mehr als hundert Menschen, die an der Grenze erschossen wurden, und noch viel mehr, die ins Gefängnis mussten, nur, weil sie erfolglos versucht hatten, ihr Land zu verlassen. Ein Verwandter von mir diente als Wehrpflichtiger an der innerdeutschen Grenze und wanderte für viele Tage in den Bau, weil er unter Verdacht stand, er habe nachts einen »Republikflüchtling« türmen lassen. Ihm drohte Strafe, weil er es möglicherweise befehlswidrig versäumt hatte, auf einen Mitbürger zu schließen. Der Vorwurf wurde dann nicht vor einem ordentlichen Gericht geklärt, sondern intern fallen gelassen, weil sich ein Vorgesetzter für den Beschuldigten verwendet hatte.

Auf meinen Freund Andreas haben sie auch nicht geschossen. Es waren tschechoslowakische Grenzer, die ihn verhafteten, weil er zusammen mit einem Kumpel versucht hatte, über die grüne Grenze nach Bayern abzuhauen. Er ist erst von den Grenzern verdroschen und wochenlang festgehalten worden, nach der Überstellung nach Berlin kam er in den Stasiknast in Hohenschönhausen und wurde dann zu vierzehn Monaten auf Bewährung verurteilt und wieder freigelassen. Die Zulassung zum Abitur war ihm bereits vor dem Fluchtversuch entzogen worden, weil er den Wehrdienst verweigert hatte. Die sogenannte vormilitärische Ausbildung bei der GST, der »Gesellschaft für Sport und Technik«, musste er neben seiner Lehre trotzdem machen.

Ich höre all die Einwände gegen die Dinge, die ich gerade über die DDR aufgezählt habe: Gibt es »im Westen« nicht auch Korruption? Müssen nicht Autobahnbrücken gesperrt werden, weil sie wegen Geldmangels oder Schlendrians einsturzgefährdet sind? Bekommt vor Gericht nicht auch eher der Recht, der sich den besseren Anwalt leisten kann? Hat es in den Kirchen Westdeutschlands nicht massenhaft Missbrauch und Kindesmisshandlungen gegeben? Gibt es etwa keine Falschmeldungen in den Medien?

Stimmt alles. Aber es ist trotzdem ein Unterschied. Der liegt in Rechtsstaat, Meinungsfreiheit und freien Medien. Die Bundesrepublik ist kein perfekter Staat. Es gibt viel zu bemängeln. Aber so, wie ich diesen Staat kennengelernt habe, hat er immer wieder die Kraft, die Institutionen und

Verfahren, seine eigenen Fehler zu erkennen und oftmals auch zu beheben. Und wenn die Kraft fehlt und Fehler nicht erkannt werden, dann darf darüber gesprochen und gestritten und berichtet werden. Das ist umständlich und anstrengend und führt manchmal in die Sackgasse, aber es ist erlaubt. Ich vertraue in die Unabhängigkeit der Justiz und grundsätzlich in den Aufklärungswillen der Medien. Und beides gab es in der DDR eben nicht.

Es stimmt, die Bürger der DDR haben sich ziemlich viel ziemlich lange angesehen, sie haben sich viel gefallen lassen und sie haben sich mit manchem arrangiert, was uns heute absurd erscheint. Ich hätte das wahrscheinlich auch gemacht. Und ich bin sicher, dass viele Westdeutsche unter den Bedingungen der DDR auch nicht unbedingt Bürgerrechtler und Widerstandskämpfer geworden wären.

Aber wenn ich mir vorstelle, meine Kinder würden dieses Leben führen ohne die Freiheiten, die sie jetzt genießen, ohne die Möglichkeiten, die sie jetzt haben – könnte ich da behaupten, sie hätten in der DDR vielleicht auch ein gutes Leben gehabt? Nie und nimmer! Und das macht für mich den Unterschied. Und da kann ich auch keine Luft ranlassen, auch wenn ich noch so viel Verständnis aufbringe für Jugend, Liebe und Leben in der DDR, auch wenn ich noch so viel differenziere und mich noch so weit reinfühle in den Verlust- und Demütigungsschmerz vieler. Es geht einfach nicht.

Ich möchte das sagen dürfen. Ohne dass ich deswegen irgendwem *die Lebensleistung* raube.

Die Bürgerinnen und Bürger der DDR haben im Herbst 1989, als ich neun Jahre alt war, selbst erklärt, dass sie nicht mehr mitmachen. Sie haben als Demonstranten mit Kerzen und Gesängen, auch mit Wut und Gebrüll und massenhafter Flucht den SED-Staat zum Einsturz gebracht. Das imponiert mir. Und ich wünschte mir, das würde heute von der gesamtdeutschen Öffentlichkeit viel stärker zur ostdeutschen Lebensleistung gezählt. Vor allem wünschte ich mir, die Ostdeutschen würden das selbst zu ihrer Lebensleistung zählen.

Ich weiß, es gibt da ein Problem. Sehr viele Bürgerinnen und Bürger der DDR sind nämlich 1989 gar nicht auf die Straße gegangen. Viele haben sicher schlicht nicht mitbekommen, was los war, weil in den DDR-Medien nicht über die Proteste berichtet wurde. Andere haben zugesehen, wie Randgruppen der Ostgesellschaft aus Kirchen und Umweltgruppen heraus ihren Protest auf die Plätze trugen. Aber auch sie haben das Ende der DDR mehrheitlich begrüßt, auch wenn sie dieses Ende nicht *erkämpft* hatten – vielleicht aus Angst, vielleicht aber auch, weil sie irgendwie mehr oder weniger gut klargekommen sind mit ihrem Leben im Osten. Und abgesehen von der kurzen Episode des Glücks des Mauerfalls löste bei ihnen ein von Unsicherheit geprägtes neues Leben ein vielleicht unbefriedigendes, aber scheinbar stabiles altes Leben ab.

Es kann also sein: Uns ging es nicht schlecht in der DDR. Aber wenn man heute fragt: Willste sie wiederhaben? Dann ist die Antwort doch klar: Nein, natürlich nicht!

7. WIR WAREN SCHON SO WEIT!

Weshalb viele Westdeutsche
denken, ohne den Osten sähe die
Weltlage irgendwie cooler aus

Ich wohne in Berlin-Charlottenburg. Das Viertel ist ganz
schön »alter Westen«. Ostdeutschland ist hier weit weg –
obwohl es nur ein paar Kilometer bis zur alten Sektoren-
grenze sind. Ich wurde hier kürzlich Zeugin eines deutsch-
deutschen Zwischenfalls. Auf der Wilmersdorfer Straße auf
Höhe des Feinkostgeschäfts *Rogacki* (auch ein Ort wie aus
dem Achtzigerjahre-Westberlin-Museum) versuchte ein
älterer Herr in seinem Mercedes ein – zugegeben – etwas
unglückliches Wendemanöver, das mehrere Verkehrsteil-
nehmer zu plötzlichen Ausweichbewegungen zwang. Das
rief zwei andere ältere Herren auf den Plan. Zurechtwei-
sungen, Brüllereien, Dirhamsewohlinsgehirngeschissen …
Und schließlich – mit Blick auf das Nummernschild des
Übeltäters, das auf eine Herkunft aus Märkisch-Oderland
schließen ließ: »Scheiß Ossi!«

Scheiß Ossi … Also wirklich! Immer noch? Mehr als
drei Jahrzehnte, nachdem Charlottenburg mit Köpenick
wiedervereinigt wurde? Ernsthaft? In der Beschimpfung
steckt das ganze Programm: Was willst du hier? Du hast
hier nichts zu suchen! Du störst! Und Auto fahren kannste

auch nicht! Es ist verblüffend, wie lange diese Reflexe funktionieren. Und dabei ist es sogar gut möglich, dass der Mercedes-Fahrer aus MOL in Wahrheit ein Charlottenburger mit Häuschen in der Märkischen Schweiz ist, der sich aus alter Verbundenheit bei *Rogacki* ein bisschen Räucherfisch besorgen wollte. Es ist vielleicht sogar wahrscheinlicher, bei *Rogacki* einen Westberliner mit einem MOL-Nummernschild zu erwischen als einen Ostberliner mit B-Kennzeichen. Aber den hätte man ja ohnehin schlecht als Scheiß Ossi beschimpfen können. Die Ossis tarnen sich ja mittlerweile schon täuschend echt als Wessis.

Ich will eins vorwegsagen: Ich kenne keinen Westdeutschen, der die deutsche Einheit noch ernsthaft infrage stellt. Ich nehme an, nicht mal die brüllenden Opas von der Wilmersdorfer Straße.

Die »deutsche Frage«, wie es früher hieß, ist nicht mehr »offen«. Auch für die meisten, die heute zwischen fünfzig und sechzig sind, ist sie das nicht mehr. Ich habe einige aus dieser Altersgruppe in unmittelbarer Umgebung, mit einem bin ich zufällig verheiratet. Vierzig Jahre Teilung hatten die beiden deutschen Staaten so weit voneinander entfernt, dass sehr viele überhaupt keinen Bezug, keine familiäre Bindung, gar keinen Kontakt mehr zum anderen Teil Deutschlands hatten. An ein ungeteiltes Deutschland hatte diese Generation keine eigene Erinnerung.

Der Wessi bei mir zu Hause erzählt, in seiner Kindheit wurden gelegentlich Pakete an eine entfernte Cousine seines Vaters in Sachsen geschickt. Und als Dank kam ein Bildband über die Schönheit des neuen Dresdens. »Aber das war für mich eine fremde Stadt in einem fremden Land, in dem Menschen lebten, die ich niemals kennenlernen würde.« Und mein Schwiegervater hielt die Bilder von Zwinger und Prager Straße für DDR-Propaganda.

Dass es die DDR gab, dass sie *existierte,* war natürlich klar. Teilung und Sozialismus waren Schulstoff, der wohl mal mehr, mal weniger intensiv behandelt wurde. Und es gab unter Linken auch Sympathie für die DDR bis hin zur Verklärung des Arbeiter-und-Bauern-Staates. Ein lockiger Olaf Scholz beispielsweise war als Mittzwanziger und linker Juso in den Achtzigerjahren auf FDJ-Einladung ein paarmal in der DDR. Die Jusodelegation wurde dort gut behandelt. Man konnte die Dienstanweisung für die Grenzorgane im Januar 2022 in vielen Zeitungen lesen: »Visa für Berlin, gebührenfrei, Befreiung vom Mindestumtausch, höfliche Abfertigung, ohne Zollkontrolle«. Und einmal wurde die Delegation sogar von Egon Krenz empfangen. Freundschaft!

Aber für die meisten Jüngeren im Westen war Ostberlin weiter weg als Paris oder Florenz. Die DDR war ein deutschsprachiger Nachbarstaat wie Österreich oder die Schweiz – mit dem Unterschied, dass man ganz selbstverständlich in die Alpenländer reiste, niemals aber in den Osten. Soweit ich das beurteilen kann, spielte die DDR für sehr viele junge Westdeutsche Ende der Achtzigerjahre kaum eine oder gar keine Rolle. Und der Gedanke an eine *Wiedervereinigung* führte höchstens zu Achselzucken.

Das änderte sich alles am 9. November 1989. Auch wer die Berichte über die Demonstrationen, das Schwanken der SED, die Proteste gegen die Stasi bis dahin ignoriert hatte, merkte spätestens bei Maueröffnung, dass da im Osten was los war – und dass das irgendwie auch den Westen betraf.

Wenn ich heute mit Westdeutschen spreche, die ein paar Jahre älter sind als ich, die also – anders als ich – 1989 keine Kinder mehr waren, sondern schon junge Erwachsene, dann höre ich im Wesentlichen drei Grundgedanken:

Die DDR war ein fremdes Land, dessen Eingliederung noch dazu wie ein Rückschritt in die nationalistische großdeutsche Vergangenheit wirkte.

Die Wiedervereinigung war das Projekt von Helmut Kohl und der CDU. Das war Grund genug, dagegen zu sein. Aber es war noch schlimmer: Die im Osten wählten genau wegen dieses Versprechens der Wiedervereinigung CDU und retteten Kohl vor der sicher geglaubten Wahlniederlage 1990.

Mit dem Osten kam eine miefige Provinzialität zurück, die wir doch gerade überwunden hatten. Für uns lag Europa im Westen – Italien! Frankreich!

Ich muss zugeben, mich haben diese Aussagen schon etwas irritiert. Ich habe diese Phase der deutsch-deutschen Geschichte ja nicht bewusst erlebt – jedenfalls nicht *politisch* bewusst. Ich hatte bisher die vielleicht etwas romantische Vorstellung, 1989/90 sei im Westen allgemein geprägt gewesen von der Euphorie über den Fall der Mauer, die Öffnung der Grenze, ja die Öffnung der Grenzen im geteilten Europa. Und die gab es ja auch.

Ich war als Kind Zeuge, wie meine Eltern Freundschaften mit Westdeutschen schlossen, die echtes Interesse am Osten und unbeschwerte Freude über die Einheit vermittelten. Wir hatten über Jahre sehr guten Kontakt zu einer Lehrerfamilie in Neuwied, der Partnerstadt Güstrows am

Rhein. Wir wurden einander vermittelt. Wir haben die Familie in Neuwied besucht und dort tolle Tage verbracht. In meiner Erinnerung war das Miteinander von gegenseitiger Neugier geprägt statt von Vorurteilen. Auf dem Campingplatz in Krakow am See in Mecklenburg lernten wir auch ein Düsseldorfer Ehepaar mit kleinem Kind kennen. Sie luden uns später zum Karneval zu sich ins Rheinland ein und brachten mir bei, wie ich beim Rosenmontagszug die meisten Kamelle abgreife.

Dass ich mit diesen schönen Erinnerungen im Gepäck dann aber noch auf viele Westdeutsche treffen würde, die zumindest damals große Bedenken hatten, hat mich ziemlich enttäuscht.

Und es hat mich auch überrascht, denn als Kind und Jugendliche habe ich mich nie mit dieser Perspektive auseinandergesetzt, und später, als ich die westdeutschen Freunde vor der Nase hatte, haben sie mir ihre Zweifel auch nicht gleich als Erstes auf die Nase gebunden. Sie haben sie wohl lieber für sich behalten, vielleicht auch aus Höflichkeit mir gegenüber. Kommt ja auch schlecht, der neuen Bekannten aus dem Osten zu sagen: »Du, ich habe die Wiedervereinigung für eine verflucht miese Idee gehalten, aber weil du schon mal da bist ...« Das klingt wie: »Du warst kein Wunschkind, aber wir mögen dich trotzdem. Irgendwie ...«

Und auch wenn ich mittlerweile schon das Gefühl habe, dass niemand mehr die Einheit infrage stellt oder sie für einen Fehler hält, der hätte vermieden werden müssen, glaube ich bei manchen doch noch einen kleinen Rest Vorbehalte ausmachen zu können.

Im August 1989 fand an der ungarisch-österreichischen Grenze das »Paneuropäische Picknick« statt, bei dem Hunderte DDR-Bürger in den Westen ausreisten. Zehntausende folgten in den nächsten Wochen. In Polen und Ungarn war der Demokratisierungsprozess schon weiter fortgeschritten. Osteuropa war in Aufruhr – und was machten die jungen Menschen aus Westdeutschland? Sie trampten in diesem Sommer an die Algarve oder verabredeten sich auf dem Marktplatz von Perugia.

Ich bin ziemlich sicher, dass ich als Zwanzigjährige 1989 von Frankfurt/Main oder Köln aus auch nicht ununterbrochen gebannt nach Ostberlin, Prag oder Warschau geblickt hätte. Und in meinem jugendlichen Rausch hätte ich die geschichtliche Größe dieser Ereignisse sicher auch kaum erkennen können. Vielleicht hätte ich mich sogar gestört gefühlt in meinem Aufbruch in die (westliche) Welt.

Die West-Grünen machten 1990 Bundestagswahlkampf mit dem Slogan »Alle reden von Deutschland. Wir reden vom Wetter« – gemeint war der Klimaschutz. Ralf Fücks, damals einer der Bundesvorsitzenden der Partei, hat später gesagt: »Wir waren also einerseits unserer Zeit voraus – und gleichzeitig lagen wir komplett daneben.« Helmut Kohl hingegen, den man als Grüner verachtet habe, »war auf der Höhe der Zeit«. Und die West-Grünen flogen 1990 »in hohem Bogen« aus dem Bundestag.

Fücks sagt, der Wechsel von »Wir sind *das* Volk« zu »Wir sind *ein* Volk« auf den Demonstrationen in Ostdeutschland sei »vielen nicht mehr geheuer« gewesen. Meine Westberliner Freundin Elisabeth sagt heute, sie sei aus diesem Grund »zunächst für zwei Deutschlands gewesen, weil ich Angst hatte vor einem präpotenten Großdeutschland«. Und Ull-rich, ein enger Freund meines Mannes, sagt, in der Bun-desrepublik seien »die Geister der Vergangenheit in gro-ßen Kisten auf dem Dachboden verstaut« gewesen. Es habe einen nicht nur antifaschistischen, sondern ganz allgemein antitotalitären Konsens gegeben. »1990 wurde schlagartig klar, dass mit den ostdeutschen Brüdern und Schwestern diese ganze Auseinandersetzung über die deutsche Schuld und die Konsequenzen daraus von vorne würde losgehen müssen. Dabei waren wir schon so weit!«

Mich haben diese Reden immer befremdet oder sogar abgestoßen. Ich habe sie als herablassend empfunden.

Oft waren diese politischen Haltungen verbunden mit Hinweisen auf die kulturelle Überlegenheit italienischen Essens, englischer Popmusik und amerikanischer Malerei. Auch das habe ich als überheblich empfunden. Ich fahre heute mit meiner Familie nach Italien oder Frankreich in die Sommerferien. Wir kochen – wie sich das zwischen Prenzlauer Berg und Charlottenburg gehört – nach Rezep-ten der Mittelmeerküche. Aber mir ist jetzt erst klar gewor-den, auf welchem fernen Planeten die Repräsentanten der sogenannten Toskana-Fraktion – Gerhard Schröder, Oskar Lafontaine, Joschka Fischer – damals lebten oder leben wollten. Und wie wenig sie sich für den Osten interessier-ten.

Ich verstehe ja einerseits, was gemeint ist, wenn von der drohenden Rückkehr des Nationalen die Rede war. Die Fußballweltmeisterschaft 2006 in Deutschland, das »Som-mermärchen«, lag noch in ferner Zukunft. Massenweise schwarz-rot-goldene Fahnen auf den Straßen wie beim

Kohl-Auftritt vor der Ruine der Dresdner Frauenkirche am 19. Dezember 1989 waren in der Bundesrepublik West kein gewohnter Anblick. »Deutschland! Deutschland!«-Rufe gehörten ins Fußballstadion. Und »Deutschland, einig Vaterland«, wie auf Transparenten zu lesen war, klingt selbst heute schon wieder wie aus der Zeit gefallen.

Ein Freund sagt, auf ihn hätten Ostdeutsche damals »deutscher als Westdeutsche« gewirkt. Auch mich stößt heute vieles ab, was auf ostdeutschen Plätzen gerufen oder an ostdeutschen Stammtischen geredet wird. Und auch ich wünsche mir, wir wären da weiter. Aber was ich nicht akzeptieren kann, ist der Gedanke, es wäre irgendwie besser gewesen, den ganzen Ostladen einfach hinter einer Grenze weiter schmoren zu lassen.

Dass sich das irgendwann änderte, dass die Einheit auch von kritischen Wessis als richtig oder wenigstens als unvermeidbar angesehen wurde, lag vielleicht auch mit daran, dass klar wurde, all diese merkwürdigen Ossis würden bei offener Grenze, aber fortbestehender Teilung zu ihnen in den Westen kommen. »Kommt die D-Mark, bleiben wir, kommt sie nicht, geh'n wir zu ihr!« – so stand es ja bald nach dem Mauerfall auf Transparenten auf Demos im Osten.

Die Ostdeutschen waren 1990 vielleicht naiv, als sie mit ihren großen Hoffnungen auf sofortigen West-Wohlstand und Mallorca-Urlaube die Einheit wählten. Aber auch der Westen – oder zumindest ganz schön viele dort, auch richtig schlaue Leute – steckten ziemlich tief in ihrem westlichen Provinzialismus. Sie waren unfähig, die Bedeutung der Veränderung richtig einzuschätzen. Und gerade die,

die den konservativen Mief der Kohl-Jahre abschütteln wollten, standen dem gewaltlosen Umsturz im Osten und seinen Folgen skeptisch gegenüber. Der Westen war vielleicht für einen Wechsel bereit – allerdings nicht für den im Osten. Und natürlich zeigte sich darin auch ein verbreitetes Desinteresse an der Situation der Menschen in Mittel- und Osteuropa *vor* Beginn der Friedlichen Revolutionen zwischen Warschau und Prag.

Meine Freundin Elisabeth hat gesagt, sie habe es nach der Maueröffnung ein wenig lächerlich gefunden, »wenn dreißigjährige Ostdeutsche im Interview sagten: ›Darauf haben wir vierzig Jahre lang gewartet.‹« Und das ist ja auch lustig, aber es war auch ein Zeichen für die Ignoranz vieler Westdeutscher, die nicht anerkennen wollten, dass es Menschen im Osten gab, die ein Freiheitsbedürfnis hatten, als hätten sie schon *hundert* Jahre hinter einer Mauer gesessen. Und die auch keine Lust hatten, das Ergebnis eines langen ostdeutschen Reformprozesses abzuwarten, ehe sie mit Westgeld in der Tasche nach Paris oder New York reisen durften – oder von mir aus an den Ballermann.

Ich bin 1999 nach Berlin gegangen. Ich habe ja schon geschildert, dass ich meine kleinstädtische Heimat nach der Schule so schnell wie möglich verlassen habe. Und auch mir ist dann manches peinlich vorgekommen, was *nach Osten* und insbesondere nach ostdeutscher Provinz aussah. Aber wahrscheinlich ging es vor zwanzig Jahren Neuberlinerinnen, die aus Recklinghausen oder Böblingen stammten, ähnlich. Nur dass deren Heimatprovinz nicht im Osten lag.

Wenn wir heute durch Mecklenburg oder Brandenburg fahren, durchquert man auch Orte, in denen es immer noch nichts Anständiges zu essen gibt. Aber es gibt auch in Oberfranken oder in der Westpfalz Dörfer, die – puh! – ganz schön trübe wirken. Und ich bin mit meiner Familie auch schon in einem malerischen südfranzösischen Dorf gewesen, in dem es in dem einzigen Lokal am Platz nur Tiefkühlpommes und Fertigpizza gab.

Ich kann die Angst in den Neunzigerjahren vor dem politischen und kulturellen Rückschritt nachvollziehen. Aber aus vielen damals geäußerten Bedenken spricht auch ein Ressentiment gegen die Provinz und vielleicht sogar eine Form von Fremdenfeindlichkeit. Und manches davon ist dreißig Jahre später immer noch übrig.

Wir hatten eine ostdeutsche Bundeskanzlerin und einen ostdeutschen Bundespräsidenten. Und beide sind nie in Verdacht geraten, das Nationale überzubetonen oder eine ausländerfeindliche Politik zu befürworten. Im Gegenteil. Allerdings wurde Angela Merkel immer wieder vorgeworfen, sie taktiere im Verborgenen und lasse die Bürgerinnen und Bürger über ihre Ziele im Unklaren. Daran musste, glaubten manche, natürlich ihre ostdeutsche Herkunft, ihre Sozialisation zwischen FDJ, Karl-Marx-Universität und Akademie der Wissenschaften der DDR schuld sein.

Ich bin sicher, dass diese Zeit Merkel mitgeprägt hat. Ich finde aber die Vorstellung lustig, dass ausgerechnet DDR-bürgerliche Vorsicht und FDJ-geschulte Verschlagenheit einen besonders dafür ausrüsten soll, das größte und wirtschaftsstärkste Land der Europäischen Union sechzehn Jahre lang regieren zu können. Seit jedoch auch dem Westdeutschen Olaf Scholz vorgeworfen wird, im Verborgenen zu taktieren und Bürgerinnen und Bürger über seine Ziele im Unklaren zu lassen, hat sich der Ostverdacht gegen Merkels Regierungshandeln auch relativiert.

Es war schon die Rede davon, dass sich heute viele Westdeutsche nicht für den Osten interessieren. Ist irgendwie ein Problemgebiet, das man nicht so richtig versteht, über das man aber auch nicht unbedingt viel wissen will. Was aber ist mit den Westdeutschen, die seit Jahren oder Jahrzehnten im Osten leben? Sind sie noch Westdeutsche? Fühlen sie sich fremd?

Katharina und Josef sind vor dreißig Jahren aus Frankfurt/Main nach Dresden gezogen. Sie sind jetzt Anfang sechzig. Sie haben die erste Hälfte ihres Lebens im Westen verbracht, die zweite im Osten. Josef sagt: »Wir haben erstaunt festgestellt, dass wir gar nicht mehr wissen, wie es jetzt im Westen tatsächlich ist. Und wie der Osten tickt, ist uns im Grunde auch rätselhaft. Wir sind *lost in reunification.*«

Ich kenne andere Westdeutsche wie Katharina und Josef, denen es auch so geht. Sie leben lange Jahre im Osten, haben dort Kinder bekommen und Freunde gefunden – und fragen sich trotzdem manchmal, ob sie hier auf Dauer richtig sind.

Es ist wahrscheinlich als Allgäuer in Bremerhaven oder als Friese in Stuttgart auch nicht immer leicht. Aber wer als Westdeutscher nach drei Jahrzehnten Osten immer noch mit hochgezogener Braue gefragt wird »Sie sind aber nicht von hier, oder?«, der zweifelt manchmal an seiner dauerhaften Verwurzelung.

Es gibt Westdeutsche im Osten, die den Osten hassen. Eine Freundin mit Einblick in eine ostdeutsche Landesregierung berichtet von »riesigen Elefantenfriedhöfen« in der Verwaltung oder in nachgeordneten Landesorganisationen. Da warten Westdeutsche mit hohen Besoldungsstufen, die vor Jahren und Jahrzehnten gekommen sind und für die es heute keine ordentliche Verwendung mehr gibt, auf die Pensionierung. Das sind die EdKs (aus dem fünften Kapitel), die tatsächlich der Karriere wegen in den Osten gegangen sind, aber ohne echtes Interesse an der Sache und den neuen Nachbarn. Und so gibt es Süddeutsche, die verkehren heute noch überwiegend unter Süddeutschen, die wie sie im Osten leben. Freundeskreise, sagt Josef, hätten sich nicht überall leicht gemischt.

Mir tun diese in ihrem Ostleben gestrandeten Westdeutschen eigentlich leid, weil ich nicht glaube, dass sie so je glücklich werden konnten. »Es gibt nicht nur den bitteren Ossi, es gibt auch den bitteren Wessi im Osten«, sagt eine Leipziger Freundin.

Aber es gibt natürlich auch die Westdeutschen, die in den Osten gegangen sind, weil sie es großartig fanden, weil sie dabei sein wollten bei diesem großen Projekt der Einheit. Und die mit Energie und Leidenschaft mitmachen wollten. Junge, die aufbrachen in eine neue Welt, Ältere, die ihre Erfahrungen teilen wollten. Klingt ein bisschen pathetisch. Aber ich kenne solche Menschen. Ich weiß, da verdreht jetzt mancher (im Osten) die Augen. Eine andere Leipziger Freundin mokiert sich immer über die Westdeutschen, die damals kamen, »weil es so spannend war«. Denn das klang ihr immer ein bisschen zu sehr nach Safari.

Aber ernsthaft: Es gibt sie, die netten, engagierten, mit-
fühlenden, unvoreingenommenen Wessis. Es gibt die Westdeutschen, die in den Osten gegangen sind, weil sie es dort
schön fanden. Weil sie so was wie eine *östliche Stimmung*
wahrgenommen haben, die ihnen vielleicht lieber war als
die Stimmung zu Hause im Westen. Und die mussten sich
damals anhören, sie seien gekommen, um Ostdeutschen
den Job wegzunehmen, oder sie seien in Wahrheit nur
zweite Garde – nicht gut genug, um es im Westen zu schaffen. Dieses Vorurteil hat auch bis heute überlebt.

Ich begegne dem in meinem Ost-West-Leben immer
wieder: Ostdeutsche pflegen genauso Vorurteile gegen
Westdeutsche wie umgekehrt. Und die Dresdner Freunde
Katharina und Josef sind auch nach dreißig Jahren noch
erstaunt darüber, »wie wenig Unvoreingenommenheit auf
beiden Seiten besteht. Es gibt tatsächlich heute noch Ossis,
die nie im Westen waren, und umgekehrt. Wir finden immer
noch, dass es offensichtlich schwerfällt, ins Gespräch zu
kommen, sich eigene Geschichten zu erzählen.«

Westdeutsche im Osten tragen nach meinem Eindruck
oft eine Zwiegespaltenheit in sich. Man ist jederzeit bereit,
Vorurteilen gegen *den Osten* entgegenzutreten, und leidet
gleichzeitig an der reaktionären Verbohrtheit vieler Nachbarn. Das ging schon Anfang der Neunzigerjahre los. »Wir
haben automatisch begonnen, Ostdeutschland gegenüber
Wessis zu verteidigen«, erzählt Josef. »Aufbau Ost und die
Milliarden, muss das denn alles sein? Ging ja schon damals
gleich los. Wir verwiesen dann immer auf die kaputten
Häuser, Krankenhäuser, Schulen, Straßen et cetera.« Josef
erzählt, sie seien erfreut gewesen über die Kindergarten-

möglichkeiten im Osten: »Kleinkinder morgens abgeben und nachmittags abholen, einigermaßen satt und zufrieden – wenn es nicht gerade saure Eier oder Spirellinudeln mit Käsepanzerplatte darauf gab.« Im Westen war das vor dreißig Jahren alles noch undenkbar. Der Umgang der Erzieherinnen im Osten sei direkter, klarer und schon auch autoritärer, aber deshalb trotzdem herzlich und zugewandt gewesen. »Wenn wir dann in Bonn waren und Eltern mit dreijährigen Kindern erlebten, die immer noch im Buggy geschoben wurden, da waren wir plötzlich Ossis.«

Aber schon früh begann das Seufzen über die manchmal fehlende politische Kultur, wenig Bürgerlichkeit, keine Mitte. »Statt Parlamentarismus einzuüben und zu vermitteln, überdauerte in der Bevölkerung großenteils die Ost- und Wende-Erfahrung«, sagt Josef. »Wenn man was erreichen will, dann auf die Straße mit Gebrüll.«

Schon Mitte der Neunzigerjahre gingen in Sachsen wieder Bürgerinnen und Bürger auf die Straße und riefen wütend: »Wir sind das Volk!« Der Protest richtete sich allerdings nicht gegen einen Überwachungsstaat oder fehlende Reisefreiheit, sondern gegen Gebühren für den Anschluss an die neue Kläranlage. Josef sagt, bis heute verlaufe die Auseinandersetzung häufig nach dem Prinzip: »Politik hat zu funktionieren wie Lieferando, hat zu machen, was ich will. Sonst weg mit ihnen. Hat man ja schon einmal hingekriegt.« Es habe sich eine Unkultur des Nicht-diskutieren-Wollens ausgebreitet.

Ich kenne das auch aus den Zuschauerbriefen an mich. Viele der Absender kommen schlecht klar damit, dass es Widerspruch gibt. Die Suche nach Kompromissen ist unbequem oder wird sogar als Schwäche ausgelegt. Und wenn es heftigen Widerspruch gibt gegen vorgebrachte Forderungen oder Überzeugungen, heißt es, die Meinungsfreiheit werde eingeschränkt, weil man nicht dem »Mainstream« folge. Das sei dann ja heute auch nicht besser als früher.

1991 hat der westdeutsche Historiker Arnulf Baring in seinem Buch *Deutschland, was nun?* die These aufgestellt, ein Großteil der Ostdeutschen sei durch vierzig Jahre DDR »verhunzt und verzwergt«. Die Empörung im Osten war ähnlich groß wie später bei Christian Pfeiffers Töpfchen-These. Baring bezog sich zwar vor allem auf nutzlos gewordene Qualifikationen und SED-gelenkte Karrieren. Aber sehr viele Ostdeutsche nahmen das persönlich. Josef, der damals frisch in Dresden war, sagt: »Auch ich war damals empört.« Nach dreißig weiteren Ostjahren findet er aber, »dass der Satz in seinem verallgemeinerten Verständnis tatsächlich genau zutrifft auf einen Teil der Gesellschaft hier«.

Ich bin Barings »verhunzten und verzwergten« Ostdeutschen im Gespräch mit Josef und Katharina zum ersten Mal begegnet. 1991, als Barings Buch erschien, war ich elf Jahre alt. Ich habe die Äußerung als Kind nicht mitbekommen, geschweige denn auf mich selbst bezogen. Und ich beziehe sie auch heute nicht auf mich. Aber in mir brodelte auch mehr als dreißig Jahre nach Barings Satz eine ähnliche Empörung über dieses sehr pauschale Urteil hoch, wie sie viele Ostdeutsche (und auch Katharina und Josef) wohl damals empfunden haben. Und natürlich ist es besonders erschütternd, wenn gute Freunde plötzlich so reden. Ich musste mich mit der Sache näher beschäftigen.

8. VERHUNZT UND VERZWERGT

Wie Arnulf Baring mal in meinem
Auto saß und was ein dreißig Jahre
altes Zitat in mir ausgelöst hat

Arnulf Baring hat mal in meinem Auto gesessen. Sven und ich waren zur Hochzeit von Freunden eingeladen. Der Bräutigam hatte bei Baring studiert, seinen alten Professor eingeladen und uns gebeten, den in Nikolassee abzuholen und zur Hochzeitsfeier mitzubringen. Er war Mitte siebzig und erschien mir als freundlicher alter Herr und charmanter Plauderer. Mit unserem damals erst ein paar Monate alten Sohn war er ganz reizend. Ich ahnte nicht, wie sauer ich eines Tages auf Baring sein würde. Und vielleicht ist diese Begegnung mit dem netten Herrn Baring auch der Grund, weshalb meine Abwehrreaktion auf seine Worte so heftig war. Und weshalb ich mich auch in diesem Buch noch einmal so ausführlich mit ihm auseinandersetzen muss.

Es gelingt mir einigermaßen, die Aussage über die verhunzten und verzwergten Ostdeutschen zu entemotionalisieren und zu versachlichen und die harte Wortwahl mit Milde zu betrachten. Ich glaube, ich schaffe es sogar, meinen Platz zu verlassen und um den Tisch rumzugehen auf Barings Seite Anfang der Neunzigerjahre, um seine Aussagen in einen größeren Kontext einordnen zu können.

Ich glaube zu wissen, was er meint und was auch meine aus dem Westen stammenden Dresdner Freunde Katharina und Josef an dem Zitat treffend finden. Bei Baring bezogen sich »verhunzt« und »verzwergt« – jedenfalls an der Stelle in seinem Buch *Deutschland, was nun?*, an der er diese herabsetzenden Adjektive verwendet – vor allem auf die beruflichen Qualifikationen vieler Ostdeutscher, die ihm entweder ideologisch verbogen oder fachlich rückständig erschienen. Katharina und Josef meinen vor allem eine misstrauische Verschlossenheit, die sie aus der DDR-Prägung ableiten.

Aber ich kann nicht anders: In mir macht sich ein Gefühl des Unbehagens breit, auch der Empörung.

Mich stört Barings Grundhaltung, DDR-Bürger grundsätzlich als deformierte und nutzlose Wesen zu betrachten, über die er öffentlich so urteilen dürfe. Es stört mich seine tiefe Ablehnung, die aus seiner Wortwahl spricht. Seine Lust daran, möglichst radikal zu formulieren, verstärkt noch den Eindruck seiner gefühlten Überlegenheit. Hat Baring sich jemals vorgestellt, wie eine Tochter von DDR-Eltern diese Zeilen lesen würde? Konnte er sich vorstellen, dass ein Kind von DDR-Eltern seine Wortwahl unangemessen finden würde? Sogar unanständig. Wie sollen Leute aus meiner Elterngeneration da nicht schlecht draufkommen?

Wörtlich heißt es in dem Buch: »Das Regime hat fast ein halbes Jahrhundert die Menschen verzwergt, ihre Erziehung, ihre Ausbildung verhunzt. Jeder sollte nur noch ein hirnloses Rädchen im Getriebe sein, ein willenloser Gehilfe. Ob sich heute einer dort Jurist nennt oder Ökonom, Pädagoge, Psychologe, Soziologe, selbst Arzt oder Ingenieur, das ist völlig egal: Sein Wissen ist auf weite Strecken völlig unbrauchbar. In den meisten Fällen fehlt heute vom Fachlichen her eine Berufsperspektive in den Bereichen, in denen man ausgebildet wurde. Wir können den politisch und charakterlich Belasteten ihre Sünden vergeben, alles verzeihen und vergessen. Es wird nichts nützen; denn viele Menschen sind wegen ihrer fehlenden Fachkenntnisse nicht weiter verwendbar. Sie haben einfach nichts gelernt, was sie in eine freie Marktgesellschaft einbringen könnten.«

Selbst wenn man dieses Zitat in seiner ganzen brutalen Schönheit, und nicht verkürzt, wiedergibt, bleibt es aus meiner Sicht unzutreffend. Zu den »politisch und charakterlich Belasteten« und deren »Sünden« komme ich später noch. Dass viele »wegen ihrer fehlenden Fachkenntnisse nicht weiter verwendbar« gewesen sein sollten – das ist ja einfach praktisch widerlegt worden. Eine Generation von Ostingenieuren und Medizinern hat einfach nach Feierabend das reingebüffelt, was ihnen möglicherweise an aktuellem technologischen und wissenschaftlichen Westwissen fehlte.

In Dresden wurden ja schon in den Neunzigerjahren modernste Mikrochips produziert. In Eisenach oder Zwickau liefen ja nicht weiter rückständige Wartburgs und Trabbis vom Band, sondern zeitgemäße VWs und Opels. Und in den großen Kliniken in Dresden oder Leipzig mögen nach der Wiedervereinigung zwar die neuen Chefärzte und Professoren aus dem Westen gekommen sein, aber keineswegs alle Oberärzte.

Ich finde, wer als junger Arzt oder junge Ingenieurin, auch als Lehrer oder Psychologin 1991 gesagt bekam, sie oder er sei wegen fehlender Fachkenntnisse »nicht weiter verwendbar«, der durfte zu Recht eingeschnappt, frustriert, demotiviert oder schlicht wütend sein.

Mein westdeutsch sozialisierter Mann, der Baring immer für einen seriösen und anständigen Mann mit guten Absichten gehalten hat, wenn man auch seine Ansichten nicht unbedingt teilen musste, wirft an dieser Stelle ein, es könne ja nicht den Ostdeutschen vorbehalten sein, untereinander ohne Filter über Westdeutsche zu sprechen, sondern das Recht müsse ja auch umgekehrt gelten. Wie bitte? Die unterhalten sich doch nicht untereinander! Sondern sie glauben ja, es allen mitteilen zu müssen – am Ende sogar mir! Barings Aussagen sind in einem Buch festgehalten, in dem er sich mit dem Publizisten und Verleger Wolf Jobst Siedler und dem damals achtundzwanzigjährigen Lektor Dirk Rumberg unterhält.

Ich erkenne an, dass Westdeutsche wie Baring und Siedler den »Anschluss der DDR an die Bundesrepublik« (wie Baring formuliert) als Umbruch und Herausforderung – auch für den Westen – betrachtet haben und sich fragen: Was wird nun aus unserem Land? Und ich erkenne auch an, dass das Gesprächsbuch eine vorläufige Form ist, die keine endgültigen Urteile festhält. »Welche Erwägungen, die wir hier angestellt haben, werden einleuchten, welche nicht?«, fragt Baring im Vorwort selbst. Aber es ist eben kein Gespräch am Küchentisch, sondern dazu bestimmt, möglichst breit veröffentlicht zu werden. *Deutschland, was nun?* ist eine Publikation, die gelesen werden soll. Und so wird sie zu einem frühen Klassiker der deutsch-deutschen Kommunikation: Baring urteilt und spricht *über* Ostdeutsche, und nicht *mit* ihnen.

Er redet über Menschen, nicht nur über »hirnlose Rädchen im Getriebe«, wie er auch schreibt. Der Soziologe Steffen Mau beschreibt Barings Zitat als ein besonders drastisches Beispiel dafür, wie in Publikationen der frühen Neunzigerjahre Ostdeutsche »als Mängelwesen angesehen« und »sozial pathologisiert« worden seien. Meine Freundin Kristin sagt, es sei, als ob Baring eine ganze Generation »totgewünscht« habe.

Trotz meiner Entschlossenheit, nicht in Fronten zu denken, sondern stattdessen immer knotenlösend vermittelnd zu agieren – ich kann nicht anders, als Barings Aussagen ungerecht zu finden und sie in die Reihe all jener zu stellen, die dazu geführt haben, dass viele Ostdeutsche sich auch jetzt noch ausgeschlossen und minderwertig fühlen. Ich weiß, Baring war nicht Bundespräsident, nicht mal Großverleger wie Springer-Chef Mathias Döpfner, der dreißig Jahre nach Baring in einer später geleakten Message Ekel vor den Ossis ausdrückte, sondern nur ein halbwegs bekannter Publizist.

Aber man muss sich vielleicht noch mal vergegenwärtigen, dass 1991 für sehr viele Menschen im Osten ein Jahr der großen Verunsicherung war. Einer Verunsicherung, die noch Jahre anhalten sollte. Statt der erhofften Fortsetzung des DDR-Lebens ohne Mauer und Stasi, dafür mit Westgeld, begann die Phase der großen Abwicklung. Betriebe schlossen, Qualifikationen waren plötzlich nichts mehr oder weniger wert als noch Monate zuvor.

Evaluation, Regelüberprüfung, ABM, Qualifizierungsmaß-nahme, Rückübertragung waren Schlagworte der neuen Zeit. Alteigentümer von Mietshäusern standen vor der Tür und drohten mit Kündigung, eben noch begehrte Produkte blieben in den Lagern liegen, Obst verfaulte an den Bäumen. Wie soll nur alles werden?! Ostdeutsche Familienväter fuhren in überteuerten Gebrauchtwagen aus dem Westen durchs Land, suchten Arbeit, prüften Geschäftsideen, hofften vielleicht noch auf Fortführung ihres Betriebes durch einen »Investor« aus dem Westen oder bangten, die ehemalige Betriebsleitung würde das Unternehmen vielleicht per *Management-Buy-out* in die Marktwirtschaft überführen (und nicht allzu viele Kollegen entlassen).

Hinzu kam eine Unerfahrenheit mit der Medienwelt der pluralistischen Gesellschaft. Im Osten war die veröffentlichte Meinung auch die offizielle Meinung. Inoffizielle oder gar kritische Haltungen versteckten sich in den Zentral-, Partei- und Betriebsorganen allenfalls »zwischen den Zeilen«. Und in dieser Phase stand in der Zeitung, die Ostdeutschen seien »verhunzt und verzwergt« und »nicht weiter verwendbar«. Dass das bloß irgendein mehr oder weniger bedeutender und vielleicht ein bisschen wichtigtuerischer Historiker gesagt hatte und nicht »der Westen« oder gar »die da oben«, blieb sicher für viele unklar. Dass im Westen alle paar Tage eine neue steile These zu hören und zu lesen war, die meist ebenso schnell verglimmte, wie sie aufgeleuchtet war, ist eine Erfahrung, die man erst machen musste.

Josef hat noch etwas beobachtet, was mich echt umtreibt: Die DDR habe verhunzend und verzwergend auf den täglichen Umgang der Menschen untereinander gewirkt. Es fehle noch heute in Ostdeutschland Zugewandtheit im Alltag, es gebe »eine Unlust, einfach mal was Nettes zu sagen«. Wenn er mit Katharina einen Spaziergang an der Elbe mache, blickten sieben von zehn Menschen, die einem entgegenkämen, nach unten. »Nur drei gucken dir ins Auge«, sagt Josef. In Bonn, wo Katharina herstammt, meide vielleicht einer von zehn den Blick.

Ich bin mir nicht sicher, ob es nicht einfach regionale Verhaltensunterschiede gibt zwischen klischeehaft fröhlichen Rheinländern und vielleicht etwas muffligeren Ostsachsen. Sven und ich waren mitten in unserer kleinen privaten Verhunzungs- und Verzwergungsdebatte ein paar Tage Wandern im Thüringischen. Andauernd begegneten uns zwischen Saaletal und Weimarer Land heitere, freundliche, schlagfertig scherzende Thüringerinnen und Thüringer. Es wurde zum ironischen Running Gag dieses Ausflugs, dass ständig einer von uns nach einer weiteren total netten Begegnung sagte: *Siehste, wieder ein völlig verzwergter Mensch!* Und der andere antwortete: *Verhunzt, vollkommen verhunzt!*

Josef aber meint dennoch, es gebe eine im Osten stärker verbreitete Vorsicht im Umgang mit anderen. Munterer Alltagskommunikation oder Small Talk begegneten viele mit Misstrauen und Verschlossenheit. Und das habe etwas mit der Prägung durch die DDR-Zeit zu tun. Man hatte eingeübt, sich außerhalb der engsten Familien- und Freundschaftskreise vorsichtiger zu verhalten.

Vielleicht ist da ja was dran. Ich glaube aber, dass auch die Erfahrungen nach 1990 daran Anteil haben. Dass zum Beispiel Barings brutales Urteil und die Erfahrungen der wirtschaftlichen Krise, der Entlassungen und Zurückstufungen dazu beigetragen haben, dass viele Menschen nicht gerade frei atmend und mit Offenheit und Zuversicht in die Welt blicken oder geblickt haben.

Und natürlich gibt es auch im Westen sehr vorsichtige, verschlossene, gar nicht mutige Menschen. Auch ich kenne Westdeutsche, die nach oben buckeln, nach unten treten und horizontal meckern. Oder wie Peter, der ehemalige Kollege meines Mannes, sagt: »Ich bin auch im Westen Opportunismus und Liebedienerei begegnet und Menschen, die hätten 'n sehr guten FDJ-Sekretär abgegeben …«

Mich irritiert, dass selbst ein Historiker wie Baring nicht weniger plakativ und verletzend formulieren konnte oder wollte. Obwohl er doch von Berufs wegen wusste, dass nichts nur für sich steht, dass alles Folgen hat und sich als Teil eines Ganzen immer weiterspinnt.

Zumal Baring, gebürtiger Dresdner, ja ein Kenner »seiner DDR« war, der seit den Siebzigerjahren immer wieder allein und auch mit seinen Westberliner Studenten im Osten unterwegs war – auch in meiner Heimatstadt: »Entdeckungen überall: Barlachs melancholische Güstrower Schwere. Gothas dreihundertjähriges Hoftheater. Natürlich Wörlitz. Pücklers Park in Branitz. Auch die Schlachtfelder von Frankenhausen und Roßbach. Friedrichs Sanssouci. Bachs Thomaskirche. Die Brandenburger, Mecklenburger Alleen.«

Baring sagte in *Deutschland, was nun?*, er habe erst auf diesen Reisen begriffen, »wo zumindest wir norddeutschen

Protestanten die Fundamente unserer Identität finden, und so war jede dieser Erkundungsfahrten eine Heimkehr, ein Stück glücklicher Wiederentdeckung eigener Wurzeln, eine lang entbehrte Selbstvergewisserung«.

Ich bin zwar Norddeutsche, wenn auch keine Protestantin. Aber ich glaube zu wissen, was Baring hier meint – nicht nur beim Stichwort Güstrower Melancholie. Mich berühren diese alten Landschaften auch. Aber vielleicht war Barings Osten wirklich vor allem ein Land mit Geschichte, aus dem mittelalterliche Kaiser und preußische Könige stammten, in dem Burgen, Schlösser und Dome herumstanden, nicht aber lebende Menschen aus Fleisch und Blut herumliefen.

Mit Josef und Katharina bin ich einig, dass Barings Urteil über die Menschen aus der DDR – schon damals – eine unzulässige Verallgemeinerung darstellte. »Das war eine Mediengranate«, sagt Josef. »Das Urteil wirst du nicht wieder los.« Und auch, wenn Josef denkt, dass der Befund im Kern richtig war, findet er, dass der Vorwurf der Verhunzung und Verzwergung mehr Schaden angerichtet hat, als er erklärt.

So, ich atme tief durch und frage mich, was könnte denn nun wirklich dran sein? Könnte etwas dran sein? Was hat die DDR mit den Menschen gemacht? Hat die DDR die Menschen verkorkst und kleingemacht?

Mein Journalistenmann hat mal mit einer Kollegin und seinem Kollegen Peter den damaligen Bundespräsidenten Joachim Gauck für die *Sächsische Zeitung* interviewt. Er habe früher nicht geahnt, dass die DDR so lange Schatten werfe – und zwar auch auf die Seelen der Menschen, sagte der bisher einzige Bundespräsident, der aus der DDR stammt, in dem Gespräch. »Es gibt bei vielen Ostdeutschen eine nachwirkende Prägung aus Zeiten der Diktatur. Wir Älteren sind nicht dazu erzogen worden, eigenständige und eigenverantwortliche Bürger zu sein.«

Ich muss hier vielleicht dazusagen, dass ich keine glühende Gauck-Verehrerin bin. Mir ist das Pastoral-Salbungsvolle manchmal ein bisschen zu viel des Guten gewesen. Andererseits war Gauck in Rostock Pfarrer, er ist dort geboren, hat seine Kindheit auf dem Fischland verbracht. Ich kenne das schöne reetgedeckte Gauck-Haus hinter dem Deich in Wustrow. Er ist Mecklenburger wie ich. Und mein Verhältnis zum Alt-Bundespräsidenten ist nicht durch die Erfahrungen der »Wendezeit« bestimmt.

Viele Ostdeutsche, die das Ende der DDR nicht nur als Befreiung, sondern auch als Zusammenbruch ihrer bisherigen Welt empfunden haben, fühlen sich den Bürgerrechtlern, die die Friedliche Revolution mit ausgelöst haben, keineswegs in Dankbarkeit verbunden.

Ältere Verwandte von mir gerieten in den Achtzigerjahren mal in eine kirchliche Veranstaltung. Sie hatten einen Pastor kennengelernt, der sie wohl irgendwie beeindruckt hatte und der sie zu interessanten Gesprächen in seine Gemeinde einlud. Als sie sich unerwartet inmitten von Widerständlern mit und ohne Ausreiseantrag wiederfanden, ergriffen sie schockiert die Flucht – ich weiß nicht, ob aus Angst vor staatlicher Verfolgung oder aus Erschütterung, weil hier tatsächlich Menschen einen Umsturz befürworteten und den sozialistischen Staat ablehnten, der doch ihr

Land, *ihre DDR* war. Als dieser Staat zusammengebrochen war, standen die Bürgerrechtler als fleischgewordener Vorwurf im Land: *Warum hast du so lange stillgehalten? Oder hast du vielleicht sogar mitgemacht?*

Gauck hatte da eine herausgehobene Rolle. Er wurde erster Bundesbeauftragter für die Unterlagen des Staatssicherheitsdienstes der ehemaligen DDR, die bald schon »Gauck-Behörde« genannt wurde. Und damit war er Herr über all die Überprüfungsverfahren, denen ostdeutsche Bürgerinnen und Bürger in den ersten Jahren unterzogen wurden. Die Bürgerrechtler – Gauck vorneweg – sind in den Augen mancher Ostdeutscher eine eigene Gruppe derjenigen, die *den DDR-Bürgern* Schmerzen zugefügt haben, weil sie ein eiskaltes Urteil über das Leben in der DDR sprachen. *Die graben was aus, und du bist weg vom Fenster!* So haben es die empfunden – und erlebt –, die die Nähe zum DDR-Staat und seinen Institutionen nicht konsequent gemieden hatten, die aus Überzeugung, jugendlicher Naivität oder *weil es eben so war, wie es war,* mitgemacht hatten. Und das waren eine ganze Menge.

Gauck war noch von der letzten demokratisch gewählten DDR-Volkskammer zum Sonderbeauftragten für die Stasiunterlagen gewählt worden. Dennoch gilt er vielen als Repräsentant der westdeutschen Fremdverwaltung. Ilko-Sascha Kowalczuk hat mal in einem Beitrag für die *Sächsische Zeitung* geschrieben, die Aufarbeitung einschließlich der Stasiüberprüfung werde im Osten weithin als »westdeutsche Idee« gesehen. »Das kommt daher, dass die Eliten im Osten – egal welche – prinzipiell als westdeutsche gelten. Und wenn es doch mal ein Ostler in irgendeine maßgebliche Position geschafft hat, gilt er vielen Ostlern als irrelevante Ausnahme – oder gar als ›Volksverräter‹.«

So, das war jetzt ein ziemlich weiter Schlenker zum Stichwort Gauck und die Bürgerrechtler. Ich war in jener Zeit Kind und Jugendliche und habe persönlich an der Stelle keine Rechnung offen. Wenn ich also heute Gaucks Sätze über die nachwirkende Prägung durch die Diktatur in der DDR lese, die fast fünfundzwanzig Jahre nach Baring gesprochen wurden, kann ich in ihnen etwas erkennen, das mir richtig und nachvollziehbar erscheint. Gauck formuliert anders als Baring, meint aber vielleicht etwas Ähnliches. Er spricht vom Schatten auf den Seelen. Bei ihm ist die Verzwergungsdiagnose eine Beschädigungs- oder Verletzungsdiagnose. Sie ist mitfühlend, nicht verurteilend. Damit kann ich schon besser umgehen.

Seine Erfahrung aus DDR-Zeiten sei: »Wir hatten total gut gelernt, Angst zu haben. Denn aus der Angst heraus resultierte damals, in der Diktatur, unser Sicherungsverhalten. Wir hatten lange nach der Devise gelebt, fürchte dich rechtzeitig, wage nichts, dann wirst du keine Fehler machen.«

Meine Eltern waren in den ersten Jahren immer sehr beeindruckt, wenn in Talkshows junge Westdeutsche auftraten, die frei reden konnten, die sicher und selbstbewusst ihre Standpunkte vertraten. Steffen Mau schreibt, in der DDR sei gesellschaftliche Abweichung beargwöhnt worden, die Variabilität der Verhältnisse war gering. »Eine von unten getragene Artikulation eigener Interessen oder gar die

Suche nach unkonventionellen Lösungen unerwünscht, offene Reflexionsforen, die auch das Einüben einer eigenen Sprache ermöglicht hätten, gab es jenseits des kirchlichen Raums nur begrenzt.«

Gauck sagte: »Wenn man von Kindesbeinen an nicht gelernt hat, seine Meinung zu sagen, einen Klassensprecher zu wählen statt eines FDJ-Sekretärs, eine Schülerzeitung zu machen statt einer Wandzeitung; wenn man als Lehrling in einen Betrieb kommt, in dem es keinen Betriebsrat gibt, keine echte Gewerkschaft, sondern eine Agentur der Staatsmacht; wenn man keine vielfältige Medienlandschaft hat – wenn man all diese *entmächtigenden* Erfahrungen macht, dann lernt man: Ich bin kein Bürger, ich lebe in dem Gefühl, nur ein Objekt des Herrschaftswillens derer zu sein, die über mir sind.«

Das Gefühl, sich als Beherrschte zu fühlen, habe das Ende der DDR überlebt, sagte Gauck. Er hat immer wieder von der Angst vor der Freiheit gesprochen, die es im Osten Deutschlands immer noch gebe. Von der Furcht, die den Menschen offenbar erfasse, wenn er den eigentlich lang ersehnten Raum der Freiheit endlich betritt. Er bat um Verständnis für diesen Reflex. »Ich kenne viele, die einst fürchteten, eingesperrt zu werden, und jetzt fürchten, abgehängt zu werden.«

Aber wozu führt das? Ich glaube, dass bei vielen der Einstieg in den neuen Staat als Bürger der Bundesrepublik schiefgegangen ist. Die Erwartungen waren groß, die Enttäuschung war es auch. Dass die Angst, abgehängt zu werden, so groß war, lag aber nicht nur an der Treuhand und Arnulf Baring, sondern auch an der Angst vor der Freiheit und der fehlenden Erfahrung, dass Teilhabe an demokratischen Prozessen mehr ist, als auf der Straße zu stehen und *Wir sind das Volk!* zu rufen.

Josef sagt, die mühevolle Suche nach einem gesellschaftlichen Konsens gelte als Schwäche und Zeitverschwendung. Der Kompromiss selbst gilt schließlich als wertlos und verwässert. »Es wird nicht anerkannt, dass der Kompromiss den Laden zusammenhält.«

Gauck sagte, in vielen Demonstrationen in Ostdeutschland spiegelten sich der Frust und die Unzufriedenheit derer wider, die sich wieder oder weiter als Beherrschte fühlten. »Diese Gefühle kommen von ganz früher, und sie richten sich jetzt gegen etwas, das sie als eine neue Art von Herrschaft empfinden.« Die Bürgerinnen und Bürger aber machten sich nicht klar, dass es keine Verurteilung zur Ohnmacht gibt und dass Enthaltung auch Folgen hat.

Was Gauck sagt, findet sich auch in zahlreichen Untersuchungen bestätigt. 45 Prozent der Ostdeutschen glauben, in einer »Scheindemokratie« zu leben (Allensbach-Institut 2022). Die Mehrheit sagt, sie könne keinen Einfluss auf die Politik nehmen. Mit der Demokratie, so wie sie in Deutschland funktioniert, sind nur noch 39 Prozent der Ostdeutschen zufrieden, heißt es im gleichen Jahr in Carsten Schneiders »Deutschland-Monitor«. Auch im Westen wachsen Skepsis und Ablehnung – der Osten ist da aber immer deutlich »voraus«. Man kann Dutzende solcher Befragungen aus der jüngeren Vergangenheit finden. Der Befund ist überall derselbe.

Ich selbst empfinde die Demokratie – Achtung, Pathos! –

als großes Geschenk, und ich leide, wenn vertraute Menschen sie grundsätzlich infrage stellen. Ich bin nach 1989 in Freiheit aufgewachsen. Ich konnte mich engagieren – ohne dass mir jemand vorgeschrieben hätte, wofür. Ich bin demonstrieren und ab achtzehn auch wählen gegangen, bin Menschen mit den unterschiedlichsten Lebensauffassungen begegnet, habe mit ihnen gestritten und mich von ihnen inspirieren lassen. Ich konnte alle Entscheidungen frei treffen, ob es ums Reisen, um meine Ausbildung, meine Familienplanung oder meine Karriere ging. All das wäre in der DDR so nicht möglich gewesen – jedenfalls nicht, ohne sich mit Staat und Partei anzulegen. Ich bin dankbar dafür und auch bereit, Verantwortung zu übernehmen.

Dass ich als politische Journalistin arbeite, auch, dass ich dieses Buch schreibe, hat direkt damit zu tun. Ich möchte wenigstens ein kleines Stück dazu beitragen, dass diese Freiheit erhalten bleibt. Ich möchte berichten und informieren – auch, wenn etwas nicht gut läuft, wenn falsch entschieden wurde. Denn dann können wir schließlich diskutieren und verhandeln, wie wir es besser machen können. Und dann kann – das muss man vielleicht dazusagen – auch herauskommen, dass man sich mit seiner Position nicht durchsetzt oder dass eine Bundesregierung amtiert, die man nicht gewählt hat, weil die Mehrheit etwas anderes wollte.

Da klang jetzt vielleicht alles ein bisschen zu sehr nach Politikunterricht. Aber, zum Teufel, was ist so lächerlich an Demokratie, Engagement und Kompromissfindung?

Apropos Politikunterricht: Ich begegne bei Gesprächen im Osten oft Positionen, die mir eins zu eins aus dem DDR-

Staatsbürgerkundeunterricht übernommen scheinen (und der mir erspart geblieben ist). Der ging im Osten allen auf den Wecker und scheint trotzdem einen langen Schatten zu werfen. Der Westen wurde da als eine »Ellbogengesellschaft« dargestellt, der Kapitalismus sei gnadenlos, hieß es, es herrsche das Großkapital. Wer heute so denkt, fühlt sich nicht als Teil eines demokratischen Gemeinwesens, sondern als ohnmächtiger Zuschauer. Ein Problem, das auch im Westen inzwischen weit verbreitet ist.

Dass aber das Prinzip des mühevollen Aushandelns und der schmerzhaften Meinungs- und Mehrheitsfindung gerade im Osten von manchen nicht so richtig anerkannt zu werden scheint, ist vielleicht auch ein Versäumnis der Neunzigerjahre. Die Westdeutschen dachten, das ginge von alleine, Freiheit, Demokratie und Marktwirtschaft sprächen für sich. Doch das war offenbar nicht so, sondern schuf viele Fehler, Frustration und Versäumnisse. Deswegen heißt das Buch der beiden Wissenschaftler Krastev und Holmes, von dem schon die Rede war, *Das Licht, das erlosch. Eine Abrechnung.*

Und auch ostdeutsche Politiker haben wohl oft zu schnell versucht, westdeutschen Politikalltag zu schaffen. Sie haben so getan, als seien sie genauso routiniert in der Ausübung politischer Prozesse wie ihre westdeutschen Vorbilder. Dabei suchten sie vielleicht selbst noch nach Orientierung und versuchten rauszubekommen, wie der neue Laden eigentlich läuft. Krastev und Holmes schreiben immer wieder von »Nachahmung«. So geht das jetzt. So macht man das. So funktioniert Marktwirtschaft … Aber diese Nachahmung sei irgendwann als erniedrigend empfunden worden. Im Buch geht es vor allem um Ungarn und Polen. Ostdeutschland ist wegen der vollständigen staatlichen Vereinigung mit der Bundesrepublik ein Sonderfall. Aber vieles kam mir bekannt vor. Und ich könnte mir vorstellen, dass bei manchen Bürgerinnen und Bürgern, Wählerinnen und Wählern schon damals das diffuse Gefühl entstand, nicht mitgenommen und nicht gehört zu werden.

Dass die Menschen im Osten nicht so sehr mitgewirkt haben an der politischen Meinungsbildung, sondern die Entscheidungen der neuen Zeit oftmals wieder oder immer noch stumm erduldeten, hat vielleicht eine Zeit lang gar nicht so gestört, oder es ist nicht aufgefallen. Manchmal nahm bei ostdeutschen Landtagswahlen nur noch die Hälfte der Bürgerinnen und Bürger teil. Es gab Regierungspolitiker im Osten wie Kurt Biedenkopf in Sachsen und Manfred Stolpe in Brandenburg, die zeitweise mit absoluten Mehrheiten ungestört regieren konnten. Für die war es wahrscheinlich ganz praktisch, dass die Menschen nicht so viel diskutiert haben, dass sie nicht bei allem mitreden wollten, sondern den neuen, guten »Königen« und »Fürsten« vertraut haben.

Ich habe mal einen Nachmittag mit sehr netten Menschen verbracht, die mir dann von Studien erzählt haben, nach denen Menschen in Diktaturen oder autokratischen Systemen auch zufrieden und glücklich leben können. Was antworte ich da? Ich sage: Zeig mir diese Studien. Wie haben die denn die Chinesen und Nordkoreaner und Iraner befragt und wie viele? Waren das Fragebögen, die anonym und geschützt ausgewertet wurden? Konnten die

Interviewten überhaupt ihre Antworten frei geben? Waren die Bürgerinnen und Bürger, die zufällig gerade in einem Straflager sitzen oder im Exil leben, an der Befragung beteiligt?

Darauf mein Gegenüber: »Ach, du wieder, als wäre in der Demokratie alles und jeder geschützt. Als könnte hier jeder alles frei sagen. Man wird doch genauso geächtet, wenn man nicht schön mit dem Mainstream mitschwimmt.« Das verneine ich dann und argumentiere dagegen, erkläre, dass man hier nicht mit Bestrafungen rechnen muss, wenn man seine Meinung frei äußert, dass ein Rechtsstaat den Leuten Freiheiten gewährt, die Menschen in Diktaturen nie erleben dürfen. Es ist ein Unterschied, ob ein Kind wegen kritischer Haltung der Eltern vom Staat nicht zum Abitur zugelassen wird oder ob man bei »Twitter« oder »X« einem Shitstorm ausgesetzt ist. In einem solchen Gespräch komme ich dann im Osten an einen Punkt, an dem klar wird, die Freiheiten des Rechtsstaats erscheinen einigen meiner Gesprächspartner nicht so wertvoll wie mir. Es folgt oft ein Satz wie: *Was soll man sich denn von den Freiheiten kaufen, wenn man alleinerziehend ist und vom Mindestlohn lebt? Wie soll man deine Freiheiten genießen, wenn das System einen nicht will?*

Wenn man so auf die Dinge schaut, kann das eine Vielzahl von Gründen haben: autoritäre DDR-Prägung, sozialistische Schulung, milder werdende Sicht auf die Vergangenheit, bittere Nachwendeerfahrung, Resignation und Bequemlichkeit.

Es gibt die Vorsicht und Zurückhaltung, die aus der DDR stammt. Es gibt die – teilweise zutreffenden – Urteile über den Kapitalismus, es gibt die schwindende Erinnerung an die bedrückende alltägliche Unfreiheit des SED-Staates, es gibt die Demütigungen der Neunzigerjahre – und es gibt die Tendenz, sich in alldem einzurichten, die Verantwortung anderen zuzuschieben und einen tiefen Schluck aus dem heiligen Opfergral zu nehmen, wie meine Freundin Kristin sagen würde.

Baring nennt es Verhunzung, Gauck Schatten auf der Seele. Ich sage, ich kann es nicht mehr hören, wenn Demokratie und Diktatur wie zwei gleichrangige Alternativen diskutiert werden. Ich habe keinen Bock mehr auf diese vereinfachenden Behauptungen – die wollen uns nicht, so ist der Kapitalismus, hat eh keinen Zweck. Ich finde, das ist eine unzulässige Verhunzung der Debatte und Verzwergung der Argumente.

9. DAGEBLIEBEN ODER WEGGEGANGEN

Weshalb selbst manche jüngere Eigenheimbesitzer im Osten glauben, sie seien Deutsche zweiter Klasse

1996. Hochsommer. Zeit der Dorffeste. An vielen Orten rund um Güstrow wird abends gefeiert. Partyzelte, Bierbänke, Grill. Musik und Tanz, Thüringer Rostbratwürste und Nackensteaks, halbtrockener Wein – vor allem aber Lübzer Bier und Güstrower Korn. Ich kann mich an einige dieser Abende erinnern. Wir, mein Freund, einige weitere aus dem Jugendclub, dessen Leiter mit den Rastalocken und seine Freundin, die schöne Franziska, sind gerne dorthin gefahren, um zu tanzen und Spaß zu haben – obwohl dort wie auf Dorffesten in aller Welt ein eher biederer Mix aus Schlagern und den *größten Hits der Siebziger, Achtziger und von heute* lief.

Und in der schönsten lauen Sommernacht – nach Mitternacht, wenn die Ausgelassenheit am größten ist – hält irgendwann ein Kleinbus. Eine Gruppe Skinheads springt heraus mit dem unschwer erkennbaren Plan, die Party aufzumischen. Danach konnte man die Uhr stellen. Die setzen sich erst an den Rand, checken die Lage und die Kräfteverhältnisse, trinken ein Bier und schauen rüber. Dann geht's los.

Sie kommen auf die Tanzfläche und rempeln uns an – der nächste Song hat noch gar nicht angefangen –, und wir befinden uns schon mittendrin in einer ausgewachsenen Schlägerei.

Eigentlich komisch, dass wir uns nicht vorher verzogen haben. Wir wussten ja, was passieren würde. Wir kannten das Drehbuch. Aber wir ließen es darauf ankommen. Es war ja auch unser Fest, und da waren noch lauter andere Menschen. Es würde schon nicht so schlimm werden. Wir machten uns schließlich doch aus dem Staub, bevor es zu übel wurde. Denn die hatten Baseballschläger und wir nicht. Ein buchstäblich schlagkräftiges Argument.

Dieser Film meiner Jugend hieß: Die Rechten gegen die Linken. Er lief durch meine Schulzeit in den Neunzigerjahren. Er war fester Bestandteil der Jugendkultur. Spätestens mit vierzehn mussten wir uns entscheiden. Links oder rechts? Sicher: Es gab die Hand- und Volleyballspieler aus den Güstrower Sportvereinen. Die hielten sich raus. Man kann auch sagen, sie hielten sich an ihrem Sport fest und fanden dort auch Halt. Außerdem legte sich niemand gerne mit den Handballern an. Aber wir anderen?

Auch in Peter Richters Roman *89/90* wird diese Zeit beschrieben. Darin erzählt er von einem Friseurbesuch in Dresden. Bevor sie die Schere ansetzt, fragt die Friseurin: »Mach ich hier jetzt eine rechte Frisur oder wieder so eine linke?« Das war bei uns in Güstrow auch so. Wobei die Linken im Schnitt sicher seltener zum Friseur gingen – wenn überhaupt. Die ließen länger wachsen.

Es waren die »Baseballschlägerjahre«. Die meisten aus meiner Generation haben das erlebt. Es gab 2019 zum dreißigjährigen Jubiläum des Mauerfalls den Hashtag #baseballschlaegerjahre auf Twitter, der in rasender Geschwindigkeit zu einem Archiv von Erzählungen wurde, die meiner vom Dorffest ähneln. Man kann das auf der Seite der Bundeszentrale für politische Bildung nachlesen. Es sind Erzählungen von Leuten in meinem Alter, die ihre Jugend im Ostdeutschland der Neunzigerjahre verbracht haben. Wir stammen aus der DDR, wir haben Osteltern, und wir haben diese gewalttätigen Neunzigerjahre im Osten erlebt. Das ist ein prägender Erfahrungshintergrund, würden Soziologen wahrscheinlich sagen.

Aus heutiger Sicht ist es kaum zu verstehen, dass die Gesellschaft im Osten – die Eltern, Lehrer, Bürgermeister – damals bereit war, dieses Ausmaß an Jugendgewalt hinzunehmen. Die Autorin Anne Rabe beschreibt die DDR in ihrem Roman *Die Möglichkeit von Glück* und in vielen Interviews als eine durch Gewalt geprägte Gesellschaft. Ich selbst habe als Kind in der DDR keine Gewalt erlebt – weder zu Hause noch in der Schule noch durch den Staat. Aber ich frage mich auch, wie hoch die Bereitschaft in der DDR war, Gewalt hinzunehmen und auch auszuüben. Und wie sehr das diese Jahre nach der Wiedervereinigung noch bestimmt hat.

Mit dem Rostocker Rapper Marten Laciny alias Marteria bin ich vor einiger Zeit mal ins Schwärmen über unsere mecklenburgische Heimat gekommen. Die Landschaft, das Meer, die Kohlrouladen. Mit der Schwärmerei war Schluss, als er vom Pogrom in Lichtenhagen 1992 erzählte, von den rechten Randalierern, die über Tage eine Flüchtlingsunterkunft massiv angriffen, aber auch von den Tausenden dazu applaudierenden Schaulustigen. Marten ist in Lichtenhagen aufgewachsen, er hat die Ereignisse als Junge erlebt. Diese Übergriffe auf das *Sonnenblumenhaus* und seine Bewohner in Rostock-Lichtenhagen sind ein besonders eindrückliches Beispiel für rechte Gewalt und das Versagen der Zivilgesellschaft im Osten der Neunzigerjahre.

Selbst durch unsere Gymnasialklasse in Güstrow ging ein Riss, schon ab der siebten oder achten Klasse. Vor allem bei den Mädchen, die sich schon mit älteren Jungs abgaben. Es gab die, die im Rechten-Club in der Südstadt abhingen und dort einen Freund hatten oder einen haben wollten, und es gab die, die im alten Jugendclub an der Rostocker Straße ihre Zeit verbrachten. Mit Freunden, die ihre langen Haare zu Rastalocken verfilzen ließen und Ausflüge nach Berlin zum 1. Mai planten, Rio Reiser hörten und manchmal auch Hermann Hesse lasen.

Die aus dem Rechten-Club im Plattenbauviertel der Südstadt habe ich dann mit siebzehn nur nach Mitternacht auf den Dorffesten getroffen. Ansonsten hatte ich mit denen nichts zu tun. Ich weiß nicht, aus was für Familien die kamen. Ich habe um den Rechten-Club und überhaupt um Typen mit rechten Haarschnitten und Springerstiefeln mit weißen Schnürsenkeln immer einen großen Bogen gemacht. Ich kann also auch nicht sagen, was aus ihnen geworden ist. Ich habe keine Ahnung, ob sie in der Gegend geblieben oder in den Westen gegangen sind. Ob sie sich als Ostdeutsche benachteiligt fühlen oder immer noch ihre Parolen schreien und den Baseballschläger schwingen – und wenn auch nur zu Hause vor dem Spiegel. Viele von ihnen werden – wie ich – mittlerweile selbst Kinder haben und denen von ihrer Jugend in Güstrow erzählen.

Als ich vor einiger Zeit an einem Montagabend in Dresden eine Demonstration besuchte, um dort Interviews zu führen, da hatte ich einen Flashback. Ich hatte das Gefühl, den Typen von früher aus dem Rechten-Club wieder in die Augen zu schauen, so wie damals auf den Dorffesten. Als sie nämlich auf dem Demonstrationszug zwischen all den Dresdner Rentnerinnen und Rentnern an mir vorbeigingen, die Augen geweitet, Parolen schmetternd. Aber anstatt *Zecken verrecken* und *Ausländer raus* zu rufen, demonstrierten sie jetzt gegen Russlandsanktionen und Impfpflicht, gegen das Versagen der Demokratie, gegen Zuwanderung und ein Leben als Deutsche zweiter Klasse, das ganze Potpourri der Unzufriedenheit und des Frusts, das auf diesen Demos oft aufgeführt wird.

Wie gesagt, es war nur ein Gefühl, aber ich frage mich schon, ob das etwas miteinander zu tun hat. Sind die Jugendlichen von damals aus dem Güstrower Rechten-Club die, die heute rechtsextrem wählen? Wie viele von ihnen? Was haben die von ihren Eltern erzählt bekommen, und was erzählen sie wiederum ihren Kindern?

Was ich aber sicher weiß: Es gibt heute noch ziemlich große Unterschiede innerhalb meiner Ostgeneration. Einer der Gründe liegt sicher in dieser Polarisierung damals, die noch kaum aufgearbeitet ist. Weder unsere Lehrer noch unsere Eltern haben mit uns jemals darüber gesprochen. Es war so, als hätten sie da einen blinden Fleck. Das kommt mir heute noch so vor. *Rechte Gewalt im Osten? Das ist doch auch*

wieder so ein Vorurteil der Wessis, als wären alle hier Nazis.
Oder: *Bei uns auf der Demo montags laufen nun wirklich
keine Rechten mit, da sind nur anständige Leute.* In Sachen
Aufarbeitung war der Hashtag #baseballschlaegerjahre ein
erster Ansatz, der sofort gezeigt hat: Das waren alles gar keine
Einzelfälle, das war eine Generationserfahrung. Und so sehr,
wie wir Jugendliche uns damals unterschieden haben, so
unterscheiden wir uns heute wahrscheinlich auch noch.

Meine Generation hat die DDR nur ein paar Jahre erlebt.
Unsere Erinnerungen an sie haben nicht das Zeug, ein Hei-
matgefühl zu prägen, das an den untergegangenen Staat
gebunden ist. Wir müssen unser eigenes Ostleben nicht
verteidigen, unser Handeln nicht rechtfertigen.

Wir sind keine »gelernten DDR-Bürgerinnen«. Und
trotzdem ist unser Verhältnis zu unserer Heimat sehr
unterschiedlich. Ich würde in meiner Generation, der Wendegeneration der zwischen 1975 und 1985 Geborenen, ganz
grob zwei Typen unterscheiden: die Dagebliebenen und die
Weggegangenen (von denen manche wieder zurückgekom-
men sind). Es gibt die, die an ihre Überzeugungen keine
Luft lassen. Sie haben die Haltung ihrer Eltern, die des
Bekannten- und Freundeskreises weitgehend übernommen. Das sind – so habe ich es zumindest beobachtet – oft
Leute, die im Osten geblieben sind.

Sie sind dann ein Teil der Gruppe *Wir hier im Osten. Wir
hier im Osten* haben größere Probleme, *wir hier im Osten*
fühlen uns ungerecht behandelt.

Dabei spielt es nicht unbedingt immer eine Rolle, ob sie
arbeitslos sind oder ein sorgenfreies Leben in Wohlstand

führen. Ich kenne einen gleichaltrigen Arzt in einer ostdeutschen Großstadt, der sich ein Penthouse mit Blick über
die Altstadt leisten kann, einen dicken Audi vor der Tür
stehen hat und Weltreisen unternimmt, aber trotzdem der
Meinung ist, dass ihm als Ostdeutscher Unrecht geschieht,
so wie seinen Eltern nach der Wiedervereinigung Unrecht
geschehen ist.

Das ist deshalb bemerkenswert, weil seine Eltern auch
Ärzte sind und einkommenstechnisch nach dem Zusam-
menbruch der DDR einen irren Sprung gemacht haben.
Da stellt sich schon die Frage, warum diese Familie trotz
aller Vorzüge und Annehmlichkeiten so sehr mit der neuen
Welt fremdelt.

Ich komme bei Fällen dieser Art immer wieder zu dem
Schluss, dass das ungute individuelle Gefühl einem Kollek-
tivunbehagen entsprungen sein muss. So nach dem Motto:
Mir geht's gut, aber wenn so viele um mich herum kla-
gen, dann geht's uns im Osten also grundsätzlich schlecht,
zumindest schlechter als denen im Westen. Das spiegelt
sich seit Jahrzehnten auch in fast jeder Umfrage zu den
Lebensumständen wider.

Eine Mehrheit ist mit der persönlichen Situation zufrieden, beurteilt die Gesamtlage aber klar negativ, in jüngeren
genauso wie in älteren Generationen. Verstärkend hinzu
kommt sicher, dass sich viele Ostdeutsche im Westen noch
ostdeutscher fühlen – jedenfalls fremd. Und wenn der
Arzt aus dem Penthouse in den Alpen Urlaub macht und
dort von westdeutschen Reisenden gefragt wird, woher er
kommt, ist er für viele möglicherweise tatsächlich immer
noch der Fremde aus der Zone. *Ach, aus dem Osten, warum*

ticken die denn da so anders? Können Sie mir das mal erklä-
ren ...? Wenn er dann wieder zu Hause ist, ist der Erklä-
rungs- und Rechtfertigungsdruck weg, und er kann auf-
atmen.

Ich kenne dieses Gefühl, aber bei mir ist es schon lange
zur Routine geworden, über *meinen Osten* zu erzählen. Ich
bin die Unkenntnis gewohnt und kann mit Desinteresse
umgehen. Ich entwickle daraus kein schlechtes Gefühl.
Und das liegt sicher auch daran, dass ich meine Heimat
verlassen habe. Trotzdem habe ich Situationen erlebt, in
denen mich die Ignoranz einiger Westdeutscher wahnsinnig genervt hat.

Ich habe 2005, als ich Volontärin beim RBB war, in Köln
bei der *Sportschau* ein mehrwöchiges Praktikum gemacht.
Für die Zeit bin ich in einer Studentinnen-WG unterge-
kommen. Drei junge Frauen aus dem Rheinland und ich.
Ich erinnere mich noch ziemlich genau an die Situation, als
ich erzählte, ich käme aus Mecklenburg-Vorpommern. Das
verschlug ihnen buchstäblich die Sprache. Kein »Woher
genau?« oder Ähnliches. Sie hatten so wenig Verbindung
zu dem Thema, dass ihnen schlicht nichts dazu einfiel.
Da war nur dieser leere Blick. Ich war ihnen unheimlich.
Ich war offensichtlich die erste Ostdeutsche, der sie mit
ihren zwanzig Jahren je begegnet waren. Keine war in den
anderthalb Jahrzehnten zuvor mal in Leipzig oder am
Brandenburger Tor in Berlin gewesen.

Ich wusste damals absolut nicht, wie ich das Eis brechen
sollte. Vielleicht hätte ich mich auch ein bisschen mehr
anstrengen können. Aber ich hatte auch meinen Stolz, meinen Oststolz. Und so verbrachte ich die Abende allein in

meinem WG-Zimmer und saß dort die Zeit ab. Ich fühlte mich einfach fremd.

Dabei war ich zu dem Zeitpunkt sogar schon verheiratet, und ich hatte ein überwiegend westdeutsches Umfeld. In meiner Rolle als Ossi aber war ich so festgelegt, dass ich nicht rauskam, und auch mein Blick auf diese drei jungen Frauen als ahnungslose, arrogante Westschnallen war unerschütterlich. So schnell kann das gehen. Es braucht gar nicht viel. Noch heute erzähle ich diese Anekdote hauptsächlich, wenn ich in Ostdeutschland bin. Obwohl ich weiß, dass das mehr als fünfzehn Jahre her ist, dass ich Klischees bestätige und eigentlich am Zündeln bin. Ich tue es in dem Glauben, dass ich damit verletzte Seelen streicheln kann und eigentlich etwas Gutes tue. *Guckt mal, wie unwissend viele im Westen immer noch sind.* Wirklich kein gelungener Beitrag zur Wiedervereinigung, ich weiß.

Das werden vielleicht einige aus meiner Generation kennen, die ihre Heimat, den Osten, verlassen haben. Wir führen eine Art Doppelleben. Wir wissen um die Bedürfnisse unserer Leute zu Hause und wollen denen auch gerecht werden, aber gleichzeitig bewegen wir uns vollkommen natürlich im Job, im Freundeskreis, in unserem Leben in Berlin, München oder sonst wo. Es ist ja auch nicht unser *neues* Leben, sondern es ist einfach *unser* Leben.

Dass ich aus dem Osten komme, spielt dabei nur am Rand eine Rolle. Ich kokettiere sogar manchmal damit. Gibt es irgendwo etwas geschenkt, oder liegen in einem Obstkorb Bananen, sage ich gerne mal: *Klar, nehme ich, bin doch schließlich Ostdeutsche.* Ich mache euch mal die Zonen-Jessy. Meine Herkunft ist zu einer scherzhaften

Bemerkung geworden. Sicher, ich habe als Kind nicht die Sommer im Ferienhaus in Ligurien verbracht, aber dafür kann ich immer mit etwas Ostexotik dagegenhalten. Das funktioniert ganz gut, und es tut niemandem weh.

Wenn mein Bekannter, der Arzt, aus den bayerischen Alpen nach Hause kommt, dann gibt es auch eine Erzählung über den Westen – aber aus einer anderen Perspektive als meiner: Es entsteht dann oft schnell Einigkeit darüber, dass die meisten Wessis keine Ahnung haben und auch keine Ahnung haben wollen.

Ich glaube also, der große Unterschied zwischen den einen, die die Überzeugungen der Elterngeneration erben und pflegen, und denen, die es nicht tun, ist: *Haste rübergemacht oder haste nicht rübergemacht.*

Ehe sich jetzt jemand beschwert, er oder sie sei dageblieben und trotzdem liberal und weltoffen: Provinzialismus, Engstirnigkeit, Vorurteile und schlechte Laune sind kein Ostprivileg. Das gibt es auch im Westen (und überall sonst auf der Welt). In diesem Buch geht es ja gerade darum, dass das Verharren in einer sich selbst bestätigenden Blase schlecht ist. Und eine solche Blase kann sich auch um Menschen geschlossen haben, die immer nur im Westen waren.

Ich habe, wie viele andere auch in meiner Generation, rübergemacht, ohne flüchten zu müssen. Ich bin legal und freiwillig gegangen, weil ich in Westberlin den Studienplatz bekommen habe, den ich wollte, und weil ich in Köln den Job bekommen habe, den ich mir gewünscht habe. Ich habe mich also aus guten Gründen aus meiner Heimat verabschiedet und anderswo neuen Anschluss gefunden. Ich habe Menschen mit verschiedenen Meinungen und Haltungen kennengelernt. Wir haben unsere Sichtweisen und Erfahrungen ausgetauscht.

Mein Bild von der Welt hat sich auf diese Weise erweitert, ganz automatisch. Ständig kommen neue Kontakte und neue Perspektiven dazu. Ich habe gar nicht die Möglichkeit, meine alte ostdeutsche Prägung zu pflegen und zu erhalten. Sie ist noch da, aber sie ist nur ein kleiner Teil des Ganzen. Ich fühle nicht andauernd die moralische Verpflichtung, meinen ostdeutschen Gefährten gerecht werden oder sie verteidigen zu müssen. Wenn ich es doch tue, ist es meine freie Entscheidung, aber es gibt keinen Gruppendruck.

Beim Arzt mit Altstadtblick ist auch das möglicherweise anders. Er geht raus, sitzt dann mit seinen Kollegen zusammen, und wenn da nicht gerade ein Zugezogener aus Stuttgart dabei ist, ist man unter sich. Da sind dann sicherlich auch nicht immer alle einer Meinung, aber was die angeblich grundlegenden Unterschiede zwischen Ost- und Westdeutschland angeht, größtenteils eben schon.

Mir bereitet es Sorgen, wenn auch meine Generation diese Empörung über den Westen pflegt. Die von den Älteren vererbte Bitterkeit prägt viele, die so alt sind wie ich – oftmals nicht aus rationalen Gründen und schon gar nicht aus eigener Erfahrung.

Würde es mir auch so gehen, wenn ich geblieben wäre? Und was wäre, wenn ich wieder in meiner alten Heimat leben würde?

Meine Schulfreundin Dörte ist so ein Fall. Sie hat mit mir zusammen Güstrow nach dem Abitur 1999 verlassen. Wir beide sind in eine WG in Berlin-Prenzlauer Berg gezogen. Ich studierte an der Universität der Künste, sie an der Freien Universität. Beide Unis sind im Westen der Stadt, wir wollten aber in den Osten, war eben noch so drin – und dort zu leben, galt auch als cooler.

Bald trennten sich unsere Wege. Sie ging nach Zürich, ich zog zu meinem Freund nach Kreuzberg. Sie kam wieder zurück nach Berlin, ich zog mit meinem inzwischen Angetrauten nach Charlottenburg. Dort leben wir immer noch. Dörte hat es wieder in die alte Heimat verschlagen – nach Stralsund. Dort lebt sie mit ihrem Ehemann und drei in Ostdeutschland geborenen Kindern. Ich würde mal sagen, sie ist nicht zurückgekehrt, weil ihre Kinder unbedingt *zu Hause* zur Welt kommen sollten. Aber Dörte und ihr Mann haben den Norden und die See gern. Sie machen nach Jahren im Ausland keinen großen Unterschied mehr, ob nun Nord-Ost oder Nord-West. Ein Leben in Lübeck wäre auch okay.

Was Dörte nach ihrer Rückkehr aber schon aufgefallen ist: Die Stralsunder sind eine Gemeinschaft für sich. Und sie ist die Neue, zwar um die Ecke geboren, aber doch keine mehr von ihnen. *Na, zurück ausm Westen? Zu Hause isses doch am schönsten, oder?* Dörte kommt das manchmal schräg vor, und sie beschäftigt sich viel mit der Frage, warum es ihr nicht mehr gelingt, sich voll und ganz zugehörig zu fühlen. Aber eigentlich ist das auch gar nicht mehr ihr großes Ziel. Ihr geht einiges auf den Keks. Das ständige Wessi-Bashing gehört eindeutig dazu.

Dabei hat auch Dörte Eltern in Güstrow. Sie kann mit- und nachfühlen, was die umtreibt. Sie ist nicht kalt und herzlos. Sie hat einfach die Erfahrung gemacht, dass es auch im Westen feine Menschen gibt, nicht nur in Zürich.

Und dann geht das Denken in *Wir hier* und *Ihr da drüben* einfach nicht mehr so ganz auf.

Ob Dörte, Marteria oder ich – wir lieben unsere Heimat, und das wird immer so bleiben. Aber wir fragen auch in vielen Situationen: Moment mal, kann man es nicht auch anders sehen? Aus Dörtes Perspektive sieht die Welt nun mal anders aus als aus der ihres Vaters, aus meiner wiederum anders als aus der des Arztes mit Penthouse, und Marteria hat die Ostsicht sogar in einen Song gepackt, den er mit den Toten Hosen gemacht hat. In *Scheiss Ossis* beschimpfen sich die Hosen aus dem Rheinland und Marteria aus Mecklenburg gegenseitig. Das soll nicht spalten, sondern die Kluft verkleinern, weil am Ende alle lachen müssen, auch über sich selbst.

Hurra, hurra! Wir scheiss Ossis versauen euch den Tag. Scheiss Ossis. Wir sind die, die keiner fragt. Wir scheiss Ossis. Heut zieh'n wir blank am FKK.

Ich finde, er trifft mit seinem Ton die Gefühle vieler im Osten ziemlich genau. Und das empfinden die meisten wahrscheinlich – anders als Marteria – ganz unironisch.

Es gibt Erhebungen, nach denen außer Marteria und Dörte auch viele andere wiederkommen, nachdem sie eine Zeit lang woanders gelebt haben. Ich glaube, dass der Osten davon sehr profitieren kann, besonders, wenn sich dadurch die Gespräche öffnen und Dinge auch ausgesprochen werden. Wenn Dörte sagen kann, dass uns das Wessi-Bashing doch auch nicht wirklich weiterbringt und die Antwort dann nicht automatisch lautet: »Du verstehst uns nicht.«

Ich würde mir wünschen, dass durch die Rückkehrenden das Selbstbewusstsein im Osten wächst, und zwar nicht durch weitere Abgrenzung vom Westen, sondern durch Erfahrung und Offenheit. Spinne ich diese schöne Gedankenkette weiter, in der all die Dörtes und Marterias ihrer Heimat zu mehr Selbstwertgefühl und Gelassenheit verhelfen, könnten die Unterschiede zwischen Ost und West tatsächlich kleiner werden, sowohl die gefühlten als auch die tatsächlichen.

Es gibt eine Frage, die mir immer wieder begegnet: Wachsen sich die Unterschiede nicht automatisch mit den Generationen aus? Darin liegt die Hoffnung, dass sich die Differenzen irgendwann von allein auflösen und damit die Probleme.

Tja, schön wäre es. In älteren Generationen ist gerade eher das Gegenteil der Fall, wie ich schon versucht habe zu schildern. Viele igeln sich im Osten ein und beatmen alte Feindbilder neu. Meine Generation besteht – vereinfacht gesagt – aus denen, die sich zu Hause mit den Älteren solidarisieren und mitmachen, und denen, die andere, auch positive Erfahrungen sammeln und im besten Fall versuchen zu vermitteln. Aber das verlangt Mut, und das kann auch schmerzhaft und anstrengend sein.

Haben es die Jüngeren, die die Existenz der DDR gar nicht mehr bewusst wahrgenommen haben, einfacher? Es spricht nicht alles, aber manches dafür, dass für junge Erwachsene und die heutige Jugend die Kategorien Ost und West praktisch keine Rolle mehr spielen.

Frage ich meinen heranwachsenden Sohn, kann er spontan keinen einzigen Unterschied definieren. Das ganze Thema DDR und Wiedervereinigung ist ihm fern. Und das, obwohl seine Eltern und Großeltern sich intensiv mit der Vergangenheit und ihrer Aufarbeitung beschäftigen. Aber er lebt in Westberlin. Das Thema betrifft ihn schlicht nicht. Die Probleme und Befindlichkeiten des Ostens haben ihn nie persönlich erreicht.

Da geht es ihm so wie vielen auch jungen Leuten im Westen. Zwischen Westerland und Rosenheim ist die Wiedervereinigung ein Thema, das oft höchstens – wenn überhaupt – im Geschichtsunterricht behandelt wird, und wenn die Schule aus ist, geht's raus ins wahre Leben. Das Problem dabei ist nur: Wenig wissen hilft auch wenig. Vor allem, wenn es darum geht, von den älteren Generationen überlieferte Vorurteile abzubauen. Denn so schleppen wir sowohl im Osten als auch im Westen alle möglichen Klischees über die jeweils andere Seite der Republik immer weiter mit.

Die differenzierte Betrachtung der jüngeren Geschichte des Landes, die verschiedenen Motive und Perspektiven rund um Mauerfall und Wiedervereinigung, die vielen unterschiedlichen Erfahrungen, die die Menschen in den Neunzigern gesammelt haben, die Schwierigkeiten und Herausforderungen im Zusammenwachsen oder dabei, überhaupt erstmal aufeinanderzuzugehen – all das wird im Schulunterricht leider kaum besprochen.

Und auch an vielen Universitäten nicht. Meine Freundin Marie erzählt davon. Sie ist sechsundzwanzig, also ein Kind der Nachwendegeneration, und kommt aus Ostberlin. In Frankfurt hat sie ihren Bachelor in Geschichte gemacht. Sie hat einen enormen Bedarf, über die Achtziger- und Neunzigerjahre in Deutschland zu lernen und zu reden, nicht zuletzt, weil ihr eigener Vater, dessen »Republikflucht« in der Achtzigerjahren scheiterte, oft von seinem bewegten Ostleben erzählt. Doch in Frankfurt, sagt sie, habe es dazu kein einziges Angebot gegeben. Kein Seminar, keine Vorlesung zu dem Thema. Das habe sie echt umgehauen. Beim Studium in Frankfurt sei sie zugleich das erste Mal damit konfrontiert gewesen, dass es offensichtlich noch Unterschiede zwischen Ost und West gibt. Das sei ihr, die zwar in Ostberlin geboren wurde, aber in Westberlin aufgewachsen und zur Schule gegangen ist, vorher nicht klar gewesen. »In der Schule in Berlin war ich immer nur Marie, jetzt war ich plötzlich die Marie aus der DDR.«

Dabei betont sie immer wieder, dass sie kaum Berührungspunkte mit der DDR hat. Sie muss echt überlegen, ob es da für sie eine Art Bezug gibt. Nur mit Mühe fällt ihr ein, dass sie vor Kurzem bei einer Reise durch Panama einen Typen aus Weimar getroffen hat. Aber ein so großes *Ey-du-auch-hier-Ding* sei das jetzt nicht gewesen. Sie kann auch keine ostdeutschen Eigenschaften an sich selbst ausmachen. »Ich habe nichts mit diesem System zu tun. Meine Eltern stehen der DDR sehr kritisch gegenüber. Es gibt weder DDR-Romantik noch sonst irgendeine Sehnsucht.« Umso mehr ist sie genervt davon, wenn die Frankfurter Freunde ihre bescheidenen Ostwitze auspacken. Wenn sie anfangen zu »sächseln«, wird sie empfindlich. Einmal habe sie auf Nachfrage von der Jugenderinnerung ihrer Mutter erzählt, die auf irgendwelchen verschlungenen Wegen im Osten tatsächlich an eine Kiwi gekommen war. Damals eine Sensation. Danach hätten Maries Freunde sie gerne damit aufgezogen. *Hm, köstlich, eine Kiwi, eine Kiwi! Wahnsinn!* Marie kann gar nicht sagen, warum sie die Kommentare so verletzt haben, denn das sei ja harmlos und nicht böse gemeint gewesen. Sie hätte es locker nehmen können. Konnte sie aber nicht. Es hat sie an einer sensiblen Stelle getroffen. Es ging um ihre Mutter aus der DDR. Da wird es dann eben schon persönlich.

Und noch so eine Irritation: Einige von Maries linken Kommilitonen hatten in ihren WGs Bilder von Lenin und Che Guevara an der Wand. »Aber sie wissen nichts darüber, das ist ein reines Image-Ding«, sagt Marie. »Wenn ich sie frage, warum genau die Bilder da hängen, kommt gar nicht viel. Das fand ich schon ziemlich flach.«

Dabei kämen die meisten aus bürgerlichen Familien und hätten längst eine Eigentumswohnung von ihren Eltern geschenkt bekommen. »Das wird mir nicht passieren. Meine Ostfamilie hat nicht das Geld dafür ansparen können«, sagt Marie.

Sie erzählt das alles gar nicht enttäuscht und wütend. Es ist nichts, was sich in ihr aufgestaut hat. Aber aufgefallen sind ihr diese Dinge dann doch.

Hat sie die Zeit im Westen zum Ossi gemacht? Nee, so weit will Marie nicht gehen. Aber klar wird: Auch junge Menschen, denen das Denken in Ost und West eigentlich fremd ist, werden mit Klischees, Vorurteilen und realen Unterschieden konfrontiert. Und sie fangen dann an, die Welt auch mit den Augen ihrer Eltern zu sehen. Marie hört jetzt häufiger mal Podcasts junger ostdeutscher Künstler, hört die Musik der Band Blond aus Chemnitz, liest die Bücher der jungen, aus Dresden stammenden Autorin Paula Irmschler. Wer weiß, ob sie das auch machen würde, wenn sie nicht nach Frankfurt gegangen wäre?

Ihren Master macht sie in Potsdam. Da gebe es haufen-
weise Seminare und Vorlesungen zum Thema Wiedervereinigung, fast zu viele. Ihre Masterarbeit schreibt sie über
die DDR in der Popkultur.

Zwischen Marie und mir liegen siebzehn Jahre. Viel Zeit,
in der die Mauer in den Köpfen der Jüngeren bestimmt kleiner geworden ist. Aber Maries Geschichte zeigt auch, dass
einem jungen Menschen, der voller Offenheit in die Welt
geht, möglicherweise trotzdem das schon so ferne Echo
von Teilung, Mauerfall und Wiedervereinigung begegnet.
Und dass einen gerade das dazu veranlassen kann, zu fragen, wo man herkommt und was da eigentlich los war. Das
muss aber keine schlechte Voraussetzung sein, die von den
Älteren noch empfundene Trennung zu überwinden.

Ob die Unterschiede sich mit den Generationen also tatsächlich auswachsen? Nach meiner Beobachtung spricht
einiges dafür. Der Sohn einer westdeutschen Freundin zum
Beispiel ist gerade nach Leipzig gezogen, um dort zu studieren. Es war in der Familie überhaupt kein Thema, ob
man in den Osten gehen sollte. Keine Mauer im Kopf, freie
Sicht, wunderbar.

Ziemlich vieles spricht allerdings auch dagegen: Eine
Studie, die die Nachwendegeneration der nach 1989 Geborenen näher beleuchtet, ist wirklich interessant. Darin
heißt es, dass es für die Jungen im Westen grundsätzlich
einen weniger großen Unterschied ausmacht, aus welchem
Teil des Landes man kommt. Allerdings bleibt unklar, wo
die Gründe dafür liegen. Ist es Unvoreingenommenheit,
Toleranz und Weltoffenheit oder schlicht Unwissenheit?

Im Osten hingegen spielt die Herkunft für die Jüngeren

durchaus eine Rolle. Fast zwei Drittel sagen: Das macht einen Unterschied. Und sie finden außerdem, dass die Ostdeutschen nach der Wiedervereinigung ungerecht behandelt wurden. Sie haben die Zeit nicht selbst erlebt, kennen also die DDR nur aus den Erzählungen der Eltern, Großeltern oder Lehrer, doch trotzdem sind sie der Überzeugung, dass das damals nicht ganz fair abgelaufen ist.

An dieser Stelle wird klar, wie stark die Erzählungen und Berichte der älteren Generationen noch wirken und dass sogar die Nachwendegeneration Haltungen und Gefühle ihrer Eltern und Großeltern in sehr vielen Fällen übernimmt. Sind die Berichte negativ, wächst die Wahrscheinlichkeit, dass auch der Nachwuchs hadert und skeptisch Richtung Westen blickt.

Sind die Umbruchserinnerungen hingegen positiv, ist die Wiedervereinigung sehr wahrscheinlich auch für die Kinder eine Erfolgsgeschichte.

Meine junge Freundin Lisa aus Dresden ist 1994 in Sachsen als Kind westdeutscher Eltern geboren. Sie hat in Oxford studiert, in Lateinamerika volontiert, in München gejobbt und lebt jetzt in Berlin. Eine junge Europäerin wie aus dem Bilderbuch. Aber wenn im Westen die Gespräche auf ihre Geburtsstadt kommen, dann ist sie auf einmal die *Sächsin aus Pegida-City.*

Da macht es dann übrigens auch für junge Westdeutsche wieder einen Unterschied, woher jemand stammt. Ein Schicksal, dem Lisa allerdings mit einer gesunden Portion Abgebrühtheit begegnet. Wenn jemand ihr mit dem Ostdeutsch-Stempel kommt, fragt sie blitzschnell zurück:

»Was ist denn bitte ostdeutsch?« Ha! Dann kommt nämlich oft erst mal gar nichts.

Sie ist ein Westkind im Osten und ein Ostkind im Westen – oder eben weder das eine noch das andere. Sie kann Unterschiede erkennen – historische, soziale, wirtschaftliche –, sie kennt ihre Heimat und sie kennt die Welt. Und so verteidigt sie die ostdeutsche Ehre mit Selbstbewusstsein und mit einer Leichtigkeit, die vielen anderen auch wirklich gut bekommen würde.

10. SÜSSES ODER SAURES? ODER IST IN WAHRHEIT ALLES BITTER?

Warum sich das Selbstwertgefühl im Osten oft nur *gegen den Westen* definiert und wo es ein paar echte Inseln des Überlegenheitsgefühls gibt

Ostdeutsches Selbstbewusstsein. Das ist auch so ein Begriff, der uns seit drei Jahrzehnten begleitet. Erst fehlte es angeblich, dann wurde es dauernd beschworen, jetzt gibt es plötzlich ein »neues« ostdeutsches Selbstbewusstsein – und das ist möglicherweise auch wieder nicht richtig …

Es ist ja auch schwierig. Es gibt schließlich auch kein *westdeutsches* Selbstbewusstsein. Westdeutsche sehen sich als Deutsche mit mehr oder weniger ausgeprägtem Nationalstolz, Verfassungspatriotismus oder einem besonderen deutschen Verantwortungsgefühl, das sich aus der Geschichte des Landes ergibt. Ansonsten fühlt man sich als Friese, Bayer oder Pfälzer und pflegt Mundart und regionale Küche und freut sich, wenn das den anderen auch gefällt.

Ein ostdeutscher Freund von mir besteht ganz in diesem Sinn darauf, »Hochsachse« zu sein (was immer das sein mag). Dirk Oschmann, der Autor von *Der Osten: eine westdeutsche Erfindung,* sieht sich zuallererst als Thüringer. Ich bin mit vielem, was Oschmann schreibt, *nicht* einverstanden – ich kann aber verstehen, dass man der Aufforderung, sich jetzt gefälligst als Ossi zu fühlen, nicht folgen will.

Viele der Erfahrungen der Neunzigerjahre – die Demütigungen, die Gefühle der Zweitklassigkeit, der peinigenden Unerfahrenheit, die Rolle der Bittsteller und Dazugekommenen – waren eigentlich nicht geeignet, das Selbstbewusstsein zu stärken. Das Selbstbewusstsein Ost, das es gibt, definiert sich daher zu einem wesentlichen Teil über oder *gegen* den Westen. Man ist stolz auf etwas, das man geleistet, errungen, verstanden hat *trotz* der Zumutungen, die der westdeutsch dominierte Einigungsprozess mit sich brachte.

Es geht ansonsten nicht so sehr um Ost-*Selbst*bewusstsein, sondern um Ostbewusstsein – das Erinnern an ein untergegangenes Land, an eine versunkene Heimat. Das sind die bittersüßen Teile der sogenannten Ostidentität.

Am süßesten ist das Bewusstsein derer, die ihre Wurzeln kennen, sich aber nicht nur über Rückbezüge zu DDR und den Neunzigerjahren definieren. Eine große Herausforderung. Man findet das bei wenigen Älteren und vielen Jungen.

Ich will versuchen, die verschiedenen Formen des Ostbewusstseins zu skizzieren – wenn man so will, in der chronologischen Reihenfolge ihres Entstehens:

1. *Es war nicht alles schlecht.*

Viele, die in der DDR aufgewachsen sind und gelebt haben, sagen, der Staat habe für Werte gestanden, die richtig waren: Frieden, Gerechtigkeit, Gleichheit, Frauenrechte. Die DDR mag dysfunktional und pleite gewesen sein, habe aber auf der richtigen Seite gestanden. Da steckt, wie zu Beginn dieses Buches schon geschrieben, viel Beschönigendes drin – aber diese Überzeugung vertreten viele Menschen.

2. *Wir sind schlauer und vor allem gebildeter.*

Ich begegne dieser Auffassung in Zuschauerbriefen ebenso wie im privaten Umfeld. Klassische Bildung und das Wissen von Kunst und Kultur seien in der DDR tiefer, weniger oberflächlich gewesen als im Westen. Es habe ein eigenes intellektuelles Leben gegeben, von dem man im Westen nichts wisse.

3. *Wir haben in der Friedlichen Revolution ein System überwunden.*

Es ist den Bürgerinnen und Bürgern der DDR gelungen, ihre Regierung zur Aufgabe zu zwingen. An diese historische Leistung wird heute gelegentlich in der Form einer Drohung erinnert: *Das können wir wieder machen.*

4. *Wir haben zusammengehalten.*

In dieser Überzeugung steckt die Erinnerung an die Hilfsgemeinschaften im Mangelstaat DDR und an den Umbruch der Neunzigerjahre.

5. *Ihr kriegt uns nicht klein.*

Diese Trotzhaltung begegnet einem jetzt sehr oft: Die Demütigungen und angeblichen systematischen Benachteiligungen durch die Westdeutschen haben die Ostdeutschen stark gemacht.

Und schließlich:

6. Im Osten ist es einfach cooler.

Diese Auffassung vertreten vor allem jüngere Ostdeutsche. Ich bin jungen Menschen in Chemnitz oder Dresden begegnet, die sich unzweifelhaft als ostdeutsch sehen, aber lächelnd in die Welt ziehen, weil für sie DDR und Nachwendezeit Geschichte sind, aber irgendwie nicht mehr ihre.

Das war jetzt sechsmal Selbstbewusstsein in Kurzform. Ich will versuchen, das noch ein bisschen ausführlicher zu schildern.

Also, erstens: Frieden und Gerechtigkeit. Wenn ich nach Beginn des russischen Angriffs auf die Ukraine mit Menschen im Osten gesprochen habe, dann ist mir nicht nur Unverständnis für westliche Rüstungslieferungen, Kritik an der angeblichen »Dämonisierung« Russlands oder Ablehnung einer angeblichen verdeckten oder offenen NATO-Aggression und eines US-Imperialismus begegnet. Die Forderung nach Diplomatie und einem Ende der vom Westen unterstützten Kampfhandlungen war außerdem oft verbunden mit einem Gefühl der historischen Überlegenheit. Im Osten, hieß es dann, sei man eben dem Frieden verpflichtet gewesen. Und dieses Bewusstsein, dass Frieden das höchste Gut ist, sei eben im Westen nicht vorhanden oder schwächer ausgeprägt.

Oft wurde gerade in der Diskussion über die Unterstützung der Ukraine eine moralische Überheblichkeit bemängelt, mit der sich *der Westen* über die »Putin-Versteher« und »Russlandfreunde« im Osten erhebe. Aber gerade in dieser Frage ist auch im Osten ein Gefühl der moralischen

Überlegenheit verbreitet – das Gefühl, als Friedensfreund und Pazifistin grundsätzlich und alternativlos auf der richtigen Seite zu stehen.

Und oft wurde auch der Verdacht geäußert, die Westdeutschen würden einfach die Wahrheit nicht erkennen – dass nämlich die NATO und die USA über die legitimen Interessen Russlands hinweg ihr schmutziges Geschäft der Ausbreitung ihres Herrschaftsbereiches betrieben. »Wir können zwischen den Zeilen lesen.« Diesen Satz habe ich in mehreren Zuschauerzuschriften gefunden. Und damit ist die in der DDR erworbene Fähigkeit gemeint, hinter der staatlich gelenkten Propaganda in den Medien die Wahrheit erkennen zu können. Heute wird das auf die »Westmedien« – von *Bild* bis *ARD* – übertragen, die angeblich nur noch einen staatlich verordneten »Mainstream« verbreiten. Ich fühle mich davon auch persönlich angegriffen. Und ich finde den Vorwurf unberechtigt.

Noch ein Wort zur Gleichberechtigung: Ich bin eine Frau. Ich arbeite Vollzeit. Und für mich war das immer selbstverständlich – jedenfalls die Möglichkeit, der Anspruch, nicht für Familie, Kinder, Männer beruflich zurückstecken zu müssen. »Beruflich zurückstecken« – das ist eine Formulierung, die ich praktisch nur aus dem Westen kenne. Und so geht es den meisten meiner Ost-Freundinnen. »Unsere Mütter haben alle gearbeitet«, sagt meine Freundin Sonja. Für uns waren arbeitende Mütter vollkommen normal – die Regel, nicht die Ausnahme. Auch ich wünsche mir manchmal, dass wir alle – Männer und Frauen, Mütter und Väter – mehr Zeit für die Familie hätten, aber ich finde es gut, dass solche Wünsche nicht mehr automatisch durch Teilzeitarbeit oder gar Aufgabe des Jobs erfüllt werden.

Die DDR gehörte zu den Ländern mit den höchsten Scheidungsraten weltweit. Das lag auch daran, dass Frauen keine Angst vor Armut haben mussten, dass sie wirtschaftlich nicht von ihren Männern abhängig waren. Sie konnten leichter sagen: Mir reicht's, ich gehe!

Ich weiß, im Hinblick auf die Gleichstellung zwischen Mann und Frau ging es in der DDR in erster Linie um arbeitsmarktpolitische Interessen, nicht um eine feministisch motivierte Politik. Und von wirklicher Gleichstellung konnte auch in der DDR am Ende keine Rede sein. Die alten Männer in ZK und Politbüro waren eben – Männer.

Trotzdem glaube ich, unter Ostfrauen – älteren und jüngeren – bis heute ein hohes Maß an Selbstbewusstsein zu erkennen.

Zweitens: Bildung und Kultur. Es gibt ein ostdeutsches Selbstbewusstsein, vielleicht ist es sogar ein Dünkel, das stammt aus der DDR. Dies hat etwas mit der erzwungenen Abgrenzung und Isolation der DDR-Gesellschaft von der Welt zu tun. Es geht um klassische Bildung, um Kunst und Kultur. Mein Freund Tim hat mal erzählt, wie es ihm ging 1990: die Unsicherheit, die Unerfahrenheit in westlichen Lebens- und Sprachgepflogenheiten, das damit verbundene Minderwertigkeitsgefühl. »Und dann habe ich festgestellt, dass viele Westdeutsche Schiller nicht von Heine unterscheiden konnten.« Und mit solchen Beobachtungen verband sich für manche die verblüffende Erkenntnis, dass sie gar nicht die hinterwäldlerischen Trottel waren, für die sie sich kurzzeitig gehalten hatten.

Es gab im Osten ein höheres Maß an klassischer Bildung. Im Westen war die Kenntnis von Literatur, Musik, Kunst und deutscher Geschichte in der Generation derjenigen, die 1990 zwanzig waren, weitgehend durch das Wissen über Popkultur ersetzt oder zumindest stark verdünnt worden. Kristin und Susanne gehen verlegen lächelnd darüber hinweg, wenn mal wieder von einem Schauspieler, *den alle kennen,* einer Fernsehserie oder sonst einem »Allgemeinwissen« aus den Achtzigerjahren die Rede ist, von dem sie aber noch nie gehört haben. *Hoffentlich fällt nicht auf, dass ich das nicht kenne ...* Vielleicht tun sich Susanne und Kristin auch deshalb gerne mit ostdeutschen Altersgenossen zusammen, da kann ihnen das nicht passieren.

Tim und andere erkannten hingegen, dass ihre neuen westdeutschen Gesprächspartner oft nicht mehr gelesen hatten als fürs West-Abi unbedingt nötig war. Dass das im Osten anders war, lag vielleicht auch daran, dass das Angebot an akzeptabler, nicht staatlich gelenkter moderner Kultur knapper war, die Ablenkung geringer, die Zeit reichlicher vorhanden. Und da konnte man auf mitteldeutschen Wiesen im Zirpegras vieles lesen, wozu den hibbeligen Wessis die Ruhe fehlte.

Ich merke, ich romantisiere hier auch ein bisschen. Ich habe dieses Ostgefühl nicht mehr kennengelernt. Und ich weiß, dass solche manchmal glückliche Versenkung in unserer Smartphone-getakteten Welt, in der Konzentrationsfähigkeit in Sekunden gemessen wird, kaum noch möglich ist.

Tim jedenfalls hat damals festgestellt, bildungsmäßig kochen die Wessis auch nur mit Wasser. Ich habe den Verdacht, dass sich Männer wie der Schriftsteller Uwe Tellkamp oder der Maler Neo Rauch, die jetzt voller Ablehnung oder Hochmut auf *den Westen* blicken, intellektuell überlegen fühlen. Und dass jemand wie Dirk Oschmann möglicherweise nie darüber hinweggekommen ist, dass sich manch westdeutscher Literaturwissenschaftler in vielem schlechter auskannte als er – mindestens in Sachen DDR-Literatur, die irgendwie nicht mehr zur deutschen Literaturgeschichte zu zählen schien.

Die Journalistin Valerie Schönian schreibt in ihrem Buch *Ostbewusstsein,* »der kulturelle Fußabdruck« eines Landes sei verschwunden.

Ich habe ostdeutsche Kollegen bei *radioeins,* dem Potsdamer RBB-Sender, für den ich gearbeitet habe. Die sind ein paar Jahre älter als ich, und deren Kulturbewusstsein ist ein anderes, als man es heute sonst so kennt. Knut Elstermann, »Kino-King Knut«, kennt nicht nur alles, was jemals in Cannes gelaufen ist oder einen Oscar gewonnen hat. Er weiß auch praktisch alles über polnische und sowjetische Filme, und er guckt auch immer noch, was heute im Osten entsteht. Marion Brasch hat das Erbe ihrer *fabelhaften Familie* angetreten und unter anderem den Roman *Ab jetzt ist Ruhe* geschrieben – der Vater stellvertretender Minister für Kultur, die Mutter Journalistin, zwei Brüder Schriftsteller, einer Schauspieler. Der Film *Lieber Thomas* über das Leben des berühmten Bruders Thomas Brasch basiert auf Marions Buch. Andreas Ulrich wiederum schreibt in seinen Büchern *Die Kinder von der Fischer-*

insel und *Torstraße 94* die Erinnerungen an die Orte seiner Ostberliner Kindheit und Jugend auf. Er befragt die früheren Nachbarn nach ihren Lebensgeschichten. Es gibt bei den dreien etwas Bewahrendes, Erinnerndes, das mir gefällt. Andreas sagt, aus seiner Arbeit spreche keine Sehnsucht nach der DDR. »Die gibt's nicht. Niemand von uns will auch nur ansatzweise das DDR-System zurück.« Es gehe darum, »die untergegangene Welt als Teil der Biografie zu betrachten«.

Das ist Heimat- und Selbstvergewisserung. Und das Bedürfnis danach gibt es überall. Westdeutsche dürfen sich immer in ihre Kindheit oder Jugend, in die Bundesrepublik der Siebziger- oder Achtzigerjahre zurückträumen. Es gibt Literatur und TV-Sendungen, die sie mit dem geeigneten Bildmaterial und den passenden Stichworten zum Weißt-du-noch? versorgen. Autotypen, Klamotten, Musikgruppen, Fernsehserien …

All das gibt es auch von und für Ostdeutsche – auch wenn der Markt hier vielleicht ein bisschen kleiner ist. Aber während die »Generation Golf« unbeschwert ihren Erinnerungen nachhängen darf, stehen ähnliche Verhaltensweisen Ostdeutscher schnell unter »Ostalgie«-, und das heißt immer auch unter Beschönigungsverdacht. Es erscheint völlig in Ordnung, das Leben in der alten Bundesrepublik mit dem goldenen Licht der Erinnerung zu beleuchten. Wer das Gleiche mit seinem Leben in der DDR macht, setzt sich oft dem Vorwurf aus, das Unrecht des SED-Staates zu verharmlosen.

Aber der Verdacht wird natürlich dadurch geschürt, dass Ostdeutsche selbst die erinnerte Unbeschwertheit ihrer persönlichen Vergangenheit mit den Institutionen und Ritualen des SED-Staates verbinden. Und beleidigt sind, wenn man diese staatlichen Strukturen kritisiert – vor allem von westlicher Seite. Kritiklose Mitläufer gab und gibt es im Westen auch – nur stehen die in der Regel nicht unter Rechtfertigungszwang.

In mir ist diese Sehnsucht nach einer angeblich heilen Welt der Vergangenheit nicht sehr ausgeprägt. Es gibt den Roman von Joachim Meyerhoff und den Film dazu mit dem schönen Titel *Wann wird es endlich wieder so, wie es nie war.* Darin geht es nicht um Ost und West, aber ich finde den Titel sehr treffend für die Sehnsucht nach einer Zeit, die einem heute schöner erscheint, als sie jemals gewesen ist.

Diese Sehnsucht gibt es in Ost und West gleichermaßen. Ich habe den Eindruck, sie ist entgegen einer verbreiteten Ansicht im Osten *nicht* stärker ausgeprägt als im Westen. Und ich finde diese Sehnsucht vollkommen okay. Ich glaube, sie ist menschlich und entspricht dem Bedürfnis, mit der eigenen Vergangenheit im Einklang zu leben und auch mit den Lasten der Gegenwart besser klarzukommen. Wahrscheinlich gibt es irgendeinen neuronalen Mechanismus, der die Vergangenheit schöner erscheinen lässt, als sie möglicherweise war.

Drittens: Revolution. In all den Reden zu den Jahres- und Feiertagen von Bundes- und sonstigen Präsidenten wird in feierlichem Ton erinnert an die Friedliche Revolution 1989/90, in der die Ostdeutschen die Kapitulation ihrer Staatsführung und die Maueröffnung erzwangen, in der sie die Angst ablegten, die Stasi auflösten und das Recht auf freie Wahlen errangen.

Tja, für mich ist oder war das immer ein merkwürdig fernes Ereignis. Ich bin ja nun wirklich Kind der Einheit. Ich habe sehr lebendige Erinnerungen an die erste Westreise nach dem Mauerfall. Ich habe die ganze Zeit des Umbruchs nach dem 9. November 1989 bewusst miterlebt, und ich habe als Austauschschülerin in Neuseeland, als Studentin in Westberlin und als Kibbuzpraktikantin in einem Hühnerstall in Israel, als Reisende in Italien, England oder Frankreich, als Reporterin und Moderatorin in Rio oder Tokio, als Wählerin bei Landtags-, Bundestags- und Europawahlen die Möglichkeiten und Freiheiten des »Westens« voll genutzt. Aber ich habe diese eigentlich immer als Selbstverständlichkeiten begriffen. Ich habe nie andächtig innegehalten und mir darüber Gedanken gemacht, was eigentlich die Voraussetzungen für meine Freiheit waren. Auch mir rutscht immer noch der Begriff der »Wende« raus, den wohl Egon Krenz erfunden hatte, um die Revolution von unten zu einem SED-Reformprozess umzudichten – erfolgreiches *Framing* nennt man das heute.

Es gibt sehr unterschiedliche Meinungen darüber, ob das 1989/90 nun eine echte Revolution war oder nur ein Zusammenbruch aus Erschöpfung. Wahrscheinlich beides. Der Bürgerrechtler und Revolutionär Werner Schulz, der am 9. November 2022 gestorben ist, hat anlässlich des zwanzigsten Jahrestages der entscheidenden Leipziger Montagsdemo gesagt, Revolutionen »vollziehen sich nicht im Selbstlauf. Sie ereignen sich dann, wenn die oben nicht mehr können und die unten nicht mehr wollen. Wenn

Menschen den Mut fassen, etwas zu tun und zu wagen, wozu sie lange nicht bereit waren.«

Jedenfalls ist bei mir das Bewusstsein für die Bedeutung der Friedlichen Revolution erst in den letzten Jahren entstanden. Sie war nicht nur – wie man heute sagt – ein *disruptiver Prozess,* der unter anderem das Leben meiner Eltern durcheinandergeschüttelt hat.

Obwohl ich das alles nur aus Erzählungen, von Bildern und Fernsehbeiträgen kenne, beeindruckt mich, dass da damals Menschen den Mut fanden und sich mit dem autoritären Parteienstaat anlegten. So lange, bis dieser Staat in sich zusammenfiel, die Mauer umplumpste – und ich in die Welt aufbrechen konnte.

Tim, heute Chefredakteur in Hamburg, ist mit den anderen 70 000 Protestierenden am 9. Oktober 1989 in Leipzig um den Ring gezogen – ohne zu wissen, ob die Staatsführung die »chinesische Lösung« wählen und auf die Demonstranten schießen lassen würde. Im Juni desselben Jahres hatte die chinesische Staatsführung gegen die friedlich demonstrierenden Menschen auf dem Platz des Himmlischen Friedens in Peking die Armee aufmarschieren lassen. Es gab Hunderte bis Tausende Tote im Umfeld der Proteste. Die DDR-Führung hatte diese gewaltsame Niederschlagung der Proteste ausdrücklich gutgeheißen. Margot Honecker hatte erklärt, man müsse in einer »kämpferischen Zeit« den Sozialismus notfalls »mit der Waffe in der Hand verteidigen«. Tausende Soldaten und Polizisten der DDR waren in jenen Tagen in Bereitschaft, weil die Staatsführung – nicht zu Unrecht – mit Protesten anlässlich des vierzigsten Jahrestages der Republikgründung am 7. Oktober rechnete.

Mein Freund Sebastian, heute Architekt in Leipzig, saß am 9. Oktober 1989 als Wehrpflichtiger in seinem voll aufmunitionierten T55-Panzer – ohne zu wissen, ob seine Einheit den Befehl bekommen würde, den Sozialismus zu verteidigen, gegen Demonstranten vorzurücken und möglicherweise auf sie zu schießen. Er hatte Monate zuvor die Bilder aus Peking im Westfernsehen gesehen und glaubte zu ahnen, worum es ging.

Das war eine ziemlich große Sache. Für die, die dabei waren, ein wirklich dramatisches Erlebnis – mit friedlichem Ausgang, der für sehr, sehr viele Menschen im Osten eine Zeit der Befreiung und des Glücks bedeutete.

Diese historische Leistung wäre Anlass für Stolz und Selbstbewusstsein, aber leider ist dieses Gefühl vielfach durch die Schmerzen des dann folgenden Umbruchprozesses überschrieben worden. Und viele fühlen sich von den alljährlichen Festansprachen vielleicht auch deswegen nicht so richtig angesprochen, weil der eigene Anteil am revolutionären Umsturz gar nicht so groß war oder das erhebende Gefühl der Selbstermächtigung nicht lange angehalten hat. Tim und Sebastian sind sich übrigens eine Woche später, auf der Leipziger Montagsdemonstration am 16. Oktober, zum ersten Mal begegnet.

Viertens: Zusammenhalt. Zweimal haben sich die Ostdeutschen trotz widriger Umstände halbwegs erfolgreich durchgeschlagen: in der DDR durch Zeiten des Mangels und der Unfreiheit, im wiedervereinigten Deutschland durch Phasen von Arbeitslosigkeit und Entmündigung.

Wir wussten uns zu helfen. Wir haben Krise und Zusam-

menbruch überstanden. Auch das sind Sätze, die ich immer noch und wieder höre und die sich in vielen der Mails und Briefe finden, die ich nach meinen Filmen erhalten habe.

Ich bin sicher, dass die Erinnerung an die Hilfs- und Zweckgemeinschaften in der DDR-Zeit, die oft einen freundschaftlichen Charakter hatten, echt ist. Und ich glaube, dass viel davon auch in der Zeit nach dem Ende der DDR und des Mangels, der mit ihrem Wirtschaftssystem verbunden war, erhalten geblieben ist.

Wir helfen einander. Das erzählen mir sowohl Sechzig- als auch Vierzig- und Zwanzigjährige. Aus wenig etwas machen, den Mangel verwalten, selbst wenn schon lange kein richtiger Mangel mehr herrscht. Zu DDR-Zeiten gehörte das ja zum Lebenskonzept dazu. Tauschgeschäfte aller Art, egal ob es um Autos, Ziegelsteine, Zaundraht oder Jeansstoff ging. Dieses Kollektivgefühl gelebter Solidarität hat auf bemerkenswerte Weise die DDR überlebt.

Ich bin mir allerdings nicht sicher, ob der Unterschied zwischen Ost und West hier so groß ist, wie viele Ostdeutsche glauben. Wenn man den Westen von Weitem und durch eine kapitalismuskritische Brille betrachtet, erscheint es vollkommen logisch, dass in einer von Luxus und Überfluss geprägten Ellbogengesellschaft Kälte und Egoismus herrschen. Das ist aber, aus meiner Sicht, nicht so. Die Bau-, Möbel- und Supermärkte sind quer durch die Bundesrepublik ähnlich bestückt. Und auch wenn *der Westen* im Durchschnitt mehr Geld zur Verfügung haben mag, gibt es auch dort Millionen Menschen, die Monat für Monat genau rechnen müssen und eben nicht ein Millionenerbe verprassen können.

Auch *im Westen* sind die Menschen auf Solidarität ange-
wiesen. Auch *im Westen* braucht man mal jemanden, der
bei einer Reparatur einen Schraubenschlüssel anreicht, die
Kinder hütet, ein Auto mit Anhängerkupplung verleiht und
die Blumen gießt. Auch westdeutsche Nachbarn und Kollegen halten zusammen – und haben das schon immer getan.

Um ein Indiz für gesellschaftlichen Zusammenhalt he-
ranzuziehen: Praktisch überall im Westen ist ehrenamt-
liches Engagement starker ausgeprägt als im Osten. Nur
Thüringen liegt mit 40,8 Prozent laut Bundesfamilienmi-
nisterium als einziges ostdeutsches Bundesland knapp über
dem Bundesschnitt von 40 Prozent. Den Tiefstwert zeigt
Sachsen mit 34,9 Prozent.

Auch bei der Zahl der Vereine sieht es im Osten schwach
aus. Den stärksten Schwund verzeichnen neben Bremen
drei ostdeutsche Bundesländer, nämlich Thüringen, Mecklenburg-Vorpommern und Brandenburg. Das hat sicher –
mal wieder – mit der fortgeschrittenen Alterung der Ostgesellschaft zu tun. Aber es ist vielleicht auch ein Hinweis
darauf, dass ostdeutsche Hilfsgemeinschaften manchmal
eher klein sind, dass sie sich auf einen überschaubaren
privaten Kreis beschränken und sich seltener in Vereinen,
Initiativen oder gar Parteien organisieren.

Ich habe selbst erlebt, wie wichtig stabile Vereinsstruk-
turen auch in den unsicheren Neunzigerjahren im Osten
waren. In meinem alten Tennisclub in Güstrow habe ich
mit mehreren Mitgliedergenerationen darüber gesprochen, wie das damals war. Sie erzählten mir fast einhellig,
wie sehr sie sich nach der Wiedervereinigung gegenseitig
unterstützt haben. Egal wie bescheiden es den Leuten ging,

ob sie ihren Job verloren hatten oder ein Teil der Familie sich schon gen Westen verabschiedet hatte, sie konnten sich immer an den Vereinsstammtisch setzen und fanden ein offenes Ohr. Gemeinsam sind sie dann aufgebrochen und haben alle möglichen Einladungen westdeutscher Tennisvereine angenommen, doch mal vorbeizuschauen. So ist die Güstrower Tennisclique durch den Westen getourt, und wenn die Dortmunder oder Kieler gesagt haben: Mensch, wussten wir gar nicht, dass ihr im Osten auch Tennis spielen könnt, dann haben die Güstrower kess geantwortet: Ja, und wir können sogar mit Messer und Gabel essen.

So erzählen sie es im Rückblick. Sie hatten – trotz aller Schwierigkeiten, die die Neunzigerjahre mit sich brachten – eine gute Zeit miteinander. Diese gemeinsamen Erlebnisse schweißen sie noch heute zusammen und machen sie stark und selbstbewusst. Sie weigern sich – auch auf hartnäckige Nachfrage –, noch große Ost-West-Unterschiede auszumachen. Die Menschen seien überall gleich. Überall gebe es die, bei denen das Glas halb voll ist, und die, bei denen das Glas immer halb leer ist. Und bei den meisten der Güstrower Tennisfrauen und -männer ist das Glas doch recht gut gefüllt (natürlich nur im sprichwörtlichen Sinn!), zumindest, solange sie sich gegenseitig haben.

Also: Vielleicht war und ist wenigstens der nachbarschaftliche Zusammenhalt im Osten tatsächlich etwas größer als im Westen. Und ich will niemandem – ganz unabhängig von der Herkunft – ausreden, dass das ein Grund für Stolz und Selbstbewusstsein sein kann.

Darauf begründet sich im besten Fall eine Selbstgewissheit, nach den großen Schwierigkeiten der Vergangenheit auch Herausforderungen der Zukunft meistern zu können. Den Westdeutschen hat man schließlich die Erfahrung voraus, dass alles praktisch von heute auf morgen anders sein kann.

Deswegen, fünftens: Durchhaltevermögen und Krisenfestigkeit. Carsten Schneider, der Ostbeauftragte der Bundesregierung, betont diese besondere Ost-Qualifikation immer wieder: Die Umbruchserfahrung – Jobverlust, Perspektivlosigkeit, Armut – vergesse man nicht. Sie sei »hart und schmerzhaft« gewesen. Er spricht da ausdrücklich von seinen eigenen Erfahrungen als Jugendlicher in der »Wendezeit«: »Deswegen sind Ostdeutsche mit diesen Erfahrungen auch besonders leistungsorientiert«, sagt Schneider. Das erinnert mich an das Marketingmotto, das sich das Bundesland Sachsen-Anhalt vor ein paar Jahren gegeben hatte: »Land der Frühaufsteher«. Ich persönlich kenne aber auch Menschen aus Sachsen-Anhalt, die morgens sehr gerne lange im Bett bleiben.

Bei Schneider und den ostdeutschen Ministerpräsidenten spielt der wirtschaftliche Aufbau in den vergangenen drei Jahrzehnten immer eine große Rolle: Stolz auf das Erreichte, auf höheres Wirtschaftswachstum, auf gelegentlich technologischen Vorsprung, auf den Osten als attraktiven Investitionsstandort und blühende Landschaften. Das sei alles Grund für *neues ostdeutsches Selbstbewusstsein.* Dass die Woidkes oder Haseloffs das immer betonen müssen, dass sie ihre Landeskinder geradezu dazu aufrufen müssen, Schönheit und Stärke der Heimat endlich anzuerkennen, ist ja schon Zeichen dafür, dass das nicht von allein funktioniert. Dass da irgendwo der Zweifel steckt, ob das wirklich stimmt, ob die Trauben im Westen nicht in Wahrheit doch noch süßer sind. Zugleich wird der Aufschwung irgendwie als fremd betrachtet, weil man doch damals – in den Neunzigerjahren – gar nicht daran beteiligt wurde. Weil viele Menschen im Moment der Befreiung und der Erfüllung eines lang gehegten Freiheitstraums entsetzt feststellen mussten, dass die Geschichte jetzt ohne sie weitergeht.

Eine ostdeutsche Freundin von mir hat mal von einer jährlichen Gartenparty im Mitteldeutschen berichtet, auf der sich fünfzigjährige Ostdeutsche den ganzen Abend Ostcodes zuwerfen. Die Eventmanagerinnen, Immobilienhändler oder Werbefachleute lachen dann beispielsweise über zurückliegende Erlebnisse bei »ZV«-Übungen (vormilitärische Ausbildung in der »Zivilverteidigung«). Und es ist klar, dass es dabei nicht nur um gemeinsame Jugenderinnerungen geht, sondern dass diese Gespräche für die paar anwesenden Westdeutschen möglichst unverständlich sein sollen. Mit zunehmendem Alkoholpegel wird die Wessi-Ausgrenzung immer deutlicher, und schließlich ist jedes Mal klar, dass die Westdeutschen erstens doof und zweitens an allem schuld sind. *Der Fuchs ist schlau und stellt sich dumm, beim Wessi ist es andersrum.*

Die Geschichte spielt nicht 1994, sondern in den 2020ern. Die Teilnehmer sind keine arbeitslosen Ingenieure, die das Arbeitsamt zum Müllsammeln schickt, sondern gut verdienende Mittelschichtler. Und doch ist da etwas, das sitzt ganz schön tief. Und es betrifft hier auch eine Generation und eine gesellschaftliche Gruppe, die ganz überwiegend erfolgreich ist, die die Chancen genutzt hat, die Wohlstand und Weltläufigkeit erworben hat.

Die Partygesellschaft und Dirk Oschmann haben einen Spieß umgedreht. Oschmann sagt, er spreche jetzt mal so über den Westen, wie der Westen jahrzehntelang über den Osten gesprochen hat – polemisch, unzulässig verallgemeinernd, kalt. Seine Hauptthese ist kurz gesagt: Der Westen habe seit 1990 den Osten und die Ostdeutschen systematisch und vorsätzlich abgewertet, habe ihnen den Zugang zu demokratischer Teilhabe und Beteiligung am Wohlstand vorenthalten. Manches von dem, was Oschmann beschreibt, steht auch in diesem Buch. Und trotzdem teile ich seine Analyse nicht.

Es ist, als sei die Zeit reif gewesen für einen, der aufschreibt, was viele empfinden und wofür sie vielleicht noch keine Sprache hatten. Ich habe eine Oschmann-Lesung in Berlin besucht, und es war beeindruckend, wie viele Menschen sich dort offenbar endlich verstanden fühlten. Deswegen kommt Oschmanns Buch hier in diesem Kapitel über das Selbstbewusstsein vor.

Der Autor, den ich als freundlichen und angenehmen Gesprächspartner kennengelernt habe, spricht in einem Doppelinterview mit Carsten Schneider in der *Zeit* selbst von einem »unglaublichen Zorn über diese Ungerechtigkeiten – Zorn, der sich über Jahrzehnte aufgestaut hat«. Ich kann verstehen, wenn einem mal der Kragen platzt. Wenn man es nicht aushält, immer der Quotenossi zu sein – immer halb gefördert, halb diskriminiert. Und es kann sein, dass Oschmann ein Ventil geschaffen hat für etwas, das jetzt endlich und unbedingt mal rausmusste. Aber ich fürchte, er erreicht sein Ziel, den Westen aufzurütteln, gar nicht.

Oschmann sagt, er habe so stark zugespitzt, um dem Westen klarzumachen, dass die Probleme nur gesamtdeutsch betrachtet werden können. Der Westen könne sich da nicht rausnehmen und immer von weit weg auf den Problem-Osten blicken. Verstehe ich ja. Nur glaube ich, dass sein Lösungsversuch nach hinten losgeht.

Denn Oschmann gibt dem Zorn im Osten Worte. Meines Erachtens stärkt er damit das falsche Selbstbewusstsein, das sagt: Wir können nichts dafür, der Westen ist schuld daran, dass wir uns so mies und abgehängt fühlen. Wolf Biermann nennt das »aggressives Selbstmitleid«.

Oschmanns Buch hat nichts Vermittelndes, nicht mal hintenraus. Ich hätte mir gewünscht, dass beim ostdeutschen Leser irgendwann der Punkt kommt, an dem er über sich selbst lacht und eine gewisse Leichtigkeit einkehren lässt. Oder dass dem westdeutschen Leser das Lichtlein der Erkenntnis aufgeht, aber bei Oschmann soll überhaupt nichts leuchten (außer der Wut des Autors).

Das, was Oschmann so fluffig Polemik nennt, wird vielen seiner Leser leider auf Jahre als knallharte Argumentations- und Selbstbestätigungsvorlage dienen, aus der man immer wieder neue Anti-West-Thesen zimmern und alte bestätigen kann: *Siehste, hier steht's doch – bei Oschmann!*

Es ist überdeutlich, dass sich ostdeutsches Selbstbewusstsein – das alte, das neue – fast immer *gegen den Westen* definiert. *Wir halten mehr zusammen. Wir sind durch viel*

schwereres Wetter gegangen. Wir verstehen mehr. Wir wissen
besser Bescheid. Wir haben mehr geleistet. Wir sind da schon
länger viel weiter. Wir lassen uns weniger gefallen. Immer
kann man ergänzen: *… als ihr!* In jedem dieser Sätze steckt
der Komparativ: Mehr, besser, weiter *als ihr Wessis. Als ihr*
verwöhnten Wohlstandskinder. Als ihr, die ihr euch von Poli-
tik, Medien und Amerika einseifen lasst. Jede dieser Ansa-
gen ist ein Ruf in Richtung Westen.

Aber der Westen hört das gar nicht. Die meisten im Westen nehmen das gar nicht zur Kenntnis. Sie hören nicht –
mehr – hin. Ich habe es mehrfach erlebt: Das Gespräch
kam auf meine Arbeit, auf die Vorbereitung meines letzten Films *Hört uns zu! Wir Ostdeutsche und der Westen,*
den ich zusammen mit Dominic Egizzi gemacht habe. Ich
erwähnte den enormen Erfolg von Dirk Oschmanns Buch,
seine Position in den Bestsellerlisten, die ausverkauften
Lesungen. Und meine westdeutschen Gesprächspartner
zeigten sich interessiert, hatten aber vorher noch nie etwas
davon gehört, suchten mit ihrem Smartphone die *Spiegel-*
Bestsellerliste und stellten dann staunend fest: »Ja, du hast
recht.«

Ich fürchte, es stimmt, was Cornelius Pollmer in seinem Oschmann-Verriss in der *Süddeutschen Zeitung* (der
Oschmann sehr wehgetan hat) geschrieben hat: »Es wird
sich im Westen Deutschlands keine *critical westdeutschness*
mehr entwickeln, das historische Zeitfenster ist inzwischen
verriegelt.«

Es ist schwierig, dass jetzt, wo für das ganze Land so viel
zu verhandeln ist, ausgerechnet diejenigen im Osten den
Debattenton vorgeben, die alte Rechnungen offen haben.

Meine Freundin Kristin sagt: »Wer immer zurückguckt, blickt halt auch nie nach vorn.« Dem kann man entgegnen: Wer nicht weiß, woher er kommt, kommt nicht voran.

Ich will nicht die Wutgleichung auflösen müssen, die die Oschmänner des Landes uns präsentieren. Ich teile aber auch nicht die superlässige, abgebrühte Analyse der Pollmers, es werde sich nichts mehr ändern »an der toxischen Beziehung, in der sich Ost- und Westdeutschland befinden« – die eine Seite fühle sich überlegen und wohl in dieser Beziehung, die andere verfüge schlicht nicht über die Macht, an ihrem Wesen etwas zu ändern.

Nein, ich wünsche mir, es führte da ein Weg raus. Und zwar nicht nur demografisch – also dadurch, dass die DDR-Bürger von früher irgendwann nicht mehr da sind.

Am Ende der Lesung in Berlin sprach ich mit einer Frau. Sie fühle sich durch Oschmanns Buch ermutigt, sagte sie. Ermutigt, nicht mehr die Klappe zu halten, sondern in der Klinik, wo sie als Ärztin arbeitet, zu sagen: »Kollegen, mich stört das, wie ihr über Ostdeutsche redet. Das passt mir nicht, das müsst ihr jetzt mal akzeptieren.«

Es gibt auch die, die schimpfen nicht nur, sondern die sagen: Wir müssen uns selbst bewegen und unseren Erfahrungsvorsprung nutzen. Und das ist dann irgendwie doch hoffnungsvoll und fühlt sich richtig an.

Oschmann selbst hat mir erzählt, manche jüngeren Leute hätten ein Problem mit seinem Buch. Ich würde sagen, viele Jüngere kennen eben Oschmanns Sound schon. Sie haben diese Platte bei ihren Eltern bereits oft gehört. Sie kennen die Texte von den bösen Wessis, sie nehmen sie vielleicht auch ernst – aber es ist nicht mehr ihre Hitsingle, die da gespielt wird. Nicht alle Jugendlichen müssen das Schmerz-Erbe ihrer Eltern antreten.

Also sechstens: Coolness. Für viele ist das nicht so ein Ding, aus dem Osten zu kommen. Junge Leute *framen* den Osten als cool. Ich habe sie getroffen, die jungen Frauen der Band Blond aus Chemnitz zum Beispiel – Lotta und Nina Kummer mit ihren Keyboarder Johann Bonitz. Sie spielen in Clubs und auf Festivals – vor allem in Westdeutschland. Und was sagen sie als Erstes, wenn sie auf die Bühne kommen? »Wir sind Blond und kommen aus Chemnitz!«

Man kann aus dem Osten kommen – ohne das Gefühl der Zweitklassigkeit, ohne das Gepäck der Wendejahre. Und das heißt nicht, dass man so tut, als wäre alles haargenau so wie im Westen. Die Freiheit ist da, hinzugehen, wo man will, zu sagen, was man will, zu singen, was einem gefällt. Und trotzdem kann man sagen: Ich lebe in Chemnitz oder Rostock, weil es mir hier besser gefällt als in Hannover oder Wiesbaden. Weil hier mehr los ist oder anderes, weil es vielleicht um mehr geht, weil vielleicht mehr Raum ist, etwas Neues anzufangen, weil nicht alles so saturiert ist. Das ist dann ein anderes Ostgefühl, ein anderes Selbstverständnis, und da geht es nicht um alte Rechnungen.

11. KRIEG, PANDEMIE UND FLÜCHTLINGSKRISE

Warum echte Prägung und falsche Solidarisierung Ost und West noch weiter auseinandergetrieben haben

Es ist nicht nur eine Geschichte der Enttäuschung, der Fremdheit oder der Abkehr. Die vergangenen drei Jahrzehnte sind aus meiner Sicht auch eine Zeit der Annäherung, der Entspannung und der Heilung alter Wunden gewesen. Ich habe erlebt, wie in meiner Heimat der Wohlstand gewachsen ist, wie Familien schöne Reisen machten, Kinder heranwuchsen, junge Menschen (nicht nur im Westen) beruflich aufstiegen, Autos größer, Eigenheime schicker wurden, wie mediterrane und orientalische Spezialitäten (nicht nur in Touristengebieten) in Supermarktsortimente einrückten und wie in Güstrow das erste Mal *Aperol Spritz* serviert wurde.

Und bei allen schon beschriebenen schmerzhaften Erfahrungen des Vereinigungsprozesses verbreitete sich auch so etwas wie Zufriedenheit und teils auch Stolz auf das, was man manchen Widrigkeiten zum Trotz erreicht hatte. Das ist wahrscheinlich eine Mittelschichtsperspektive – aber ich glaube, es gibt oder es gab so etwas wie gesellschaftliche Stabilität.

Das hatte natürlich viel mit der verbesserten wirtschaftlichen Situation und der größeren beruflichen Sicherheit zu tun. Das hat sich aber auch politisch gezeigt – auch in einem gewachsenen Vertrauen in die Institutionen der bundesrepublikanischen Demokratie.

Die früheren Wähler von PDS und Linke sind ja keineswegs alle direkt zur AfD übergelaufen. Viele von denen, die angeben, beim nächsten Mal extrem rechts wählen zu wollen, oder das inzwischen schon getan haben, hatten zwischendurch bei SPD oder CDU ihr Kreuz gemacht. Das zeigt sich zumindest in den Analysen zur Wählerwanderung bei der Bundestagswahl 2021. Bei der Wahl, die Olaf Scholz zum Kanzler machte, verlor die Linke im Osten mehr als 40 Prozent ihres Wählerinnen- und Wähleranteils, ohne dass die AfD zugelegt hätte – im Gegenteil, auch die AfD hatte Einbußen. Ich glaube, dass dies nicht nur daran liegt, dass gut dreißig Jahre nach dem Ende der DDR viele alte Genossen gestorben sind, sondern dass Menschen, die lange Zeit auf keinen Fall eine »Westpartei« wählen wollten, diese Hemmung abgelegt hatten.

Aber es ist seitdem etwas kaputtgegangen. Und zwar mit dem russischen Angriff auf die Ukraine.

All die Jahre zuvor gab es mal mehr, mal weniger heftiges Ostrumoren. 1995 ging es lautstark gegen das Sächsische Kommunalabgabengesetz und die drohenden Gebühren für den Anschluss an Kanalisation und Kläranlage. Sie haben von dieser Protestbewegung vielleicht noch nie etwas gehört, aber immerhin trieb sie damals die halbe Dresdner Staatsregierung samt Ministerpräsident ins Westsächsische, um die kochende Wir-sind-das-Volk-Seele zu beruhigen und staatliche Beihilfen zu versprechen.

Ich war damals fünfzehn Jahre alt und hatte nicht den leisesten Schimmer von Abwassersatzungen, aber manch Älterer kann sich erinnern: Sven, der das damals als Reporter miterlebt hat, hält die sogenannten Montagsdemonstrationen von Glauchau bis heute für einen Beginn ostdeutscher Protestbewegungen im vereinigten Deutschland – Vorbote von »Pegida« oder den »Coronaspaziergängen«, getragen von einer aggressiven Fassungslosigkeit gegenüber Regierungsentscheidungen und staatlichem Handeln.

Pegida hat vor allem 2015 das Bild vom grölenden Ossi geprägt. Es hat sicher auch etwas mit der Berichterstattung in vielen Medien zu tun, dass die krakeelenden Pegidisten die Nachrichten aus Dresden, Sachsen und Ostdeutschland bestimmten. 25 000 Menschen demonstrierten nach Angaben der sächsischen Polizei am 12. Januar 2015 gegen eine angebliche »Islamisierung des Abendlandes«. Das war der Höhepunkt von Pegida. Zwei Tage zuvor hatten nach Schätzungen 35 000 Menschen in Dresden *gegen* Pegida demonstriert. Über die aufrechten Demokraten des Ostens gab es aber keinen Hamburger Magazintitel.

Dafür gingen im August des gleichen Jahres die Bilder einer Bürgerin in Heidenau bei Dresden um die Welt, die ein Schild mit der Aufschrift »Volksverräterin« in die Kameras hielt. Es galt der Bundeskanzlerin.

Angela Merkel war zu einem provisorischen Flüchtlingsheim gekommen, um dort Hunderte verschüchterte Syrer und Afghanen zu besuchen. Sie waren Tage zuvor Ziel gewalttätiger Proteste geworden. Merkel erklärte, die

Vorfälle in Heidenau seien »beschämend und abstoßend«. Es gebe »keine Toleranz gegenüber denen, die nicht bereit sind zu helfen, wo rechtlich und menschlich Hilfe geboten ist«. Dafür rief ihr eine Frau die legendären Sätze nach: »Dort unten ist sie! Volksverräterin! Du blöde Schlampe, zeig dein hässliches Gesicht! … Du elende Fotze!«

Es ist nicht so, dass *davon* nur Westdeutsche beschämt und abgestoßen waren. Auf die fremdenfeindlichen Parolen, auf die verhetzenden Politikerbeschimpfungen und den dazwischen immer wieder wabernden Antisemitismus zwischen Dresden und Heidenau reagierte auch die Mehrheit in der ostdeutschen Gesellschaft ablehnend. Und gegen die Frau von Heidenau ermittelte die Dresdner Staatsanwaltschaft (und stellte das Verfahren schließlich ein). Aber schon, als Pegida die Schlagzeilen eroberte und weniger auffällige Nachahmer in anderen ostdeutschen Städten fand, gab es im Osten eine ganze Menge Stimmen aus Politik, Kirche und Gesellschaft, die fanden, man müsse »die Sorgen und Ängste ernst nehmen«, es handele sich um »Bürger, die sich in der Politik nicht wiederfinden«.

Ich habe das damals im Wesentlichen als sächsischen Sonderfall wahrgenommen. Haltungen wie die der Dresdner Demonstranten sind mir überall im Osten und – weniger verbreitet – auch im Westen begegnet. Aber ich hatte nie den Eindruck, sie sind so tonangebend wie in Dresden. Um mal ein anderes Klischee zu bemühen: Mecklenburger und Brandenburger sind insgesamt vielleicht ein bisschen weniger leicht erhitzbar als Sachsen.

Es ist immer wieder untersucht und berichtet worden: Fremdenfeindlichkeit ist oft dort am größten, wo die Zahl ausländischer Bürger am niedrigsten ist. Steffen Mau schreibt, »aufgrund der jahrzehntelangen Abschottung und der starken Homogenisierung« sei der Umgang mit Fremdheit und Differenz »kaum eingeübt« worden. Die DDR habe eine »Provinzialisierung« erfahren. Ich stelle mir vor, dass es in der Bundesrepublik der Fünfziger- oder Sechzigerjahre ähnlich war.

In der DDR, berichtet Mau weiter, seien Ausländer entgegen der offiziellen Doktrin nicht sonderlich willkommen gewesen – weder bei der Staatsführung noch in weiten Teilen der Bevölkerung. Zwar gab es auch in der DDR »Gastarbeiter«, aber viel weniger als in der alten Bundesrepublik: 1989 lebten in der DDR kaum 200 000 Ausländerinnen und Ausländer – die Hälfte von ihnen sogenannte Vertragsarbeiter aus Vietnam, Mosambik, Kuba oder Angola, deren dauerhafte Integration in die sozialistische Gesellschaft nicht vorgesehen war. Das »Sonnenblumenhaus« in Lichtenhagen war ursprünglich eine Unterkunft für Vertragsarbeiter.

Auch heute ist der Anteil der nicht deutschen Bevölkerung im Osten deutlich geringer als im Westen – auch wenn es Kommunen gibt, in denen beispielsweise viele Geflüchtete untergebracht sind. 2021 lebten nach Angaben des Statistischen Bundesamtes knapp zehn Millionen Ausländerinnen und Ausländer in Westdeutschland und Berlin, aber nur 650 000 in den ostdeutschen Flächenländern.

Ich weiß, dass es Fremdenfeindlichkeit, auch gewalttätige Fremdenfeindlichkeit, ebenso im Westen gibt. Das ist nicht nur ein Ost-Ding. Bei der Betrachtung des Themas geht es nicht nur um Ost-West, sondern wie oft auch um

Stadt – Land, arm – reich … Und mir fällt auf, dass in offiziellen Statistiken – beispielsweise im Bericht des Bundesinnenministeriums und des Bundeskriminalamts »Politisch motivierte Kriminalität im Jahr 2022« – auf Regionalvergleiche verzichtet wird. Da steht gar nicht mehr, in welchem Bundesland wie viele Fälle registriert wurden. In einem Beitrag der Bundeszentrale für politische Bildung habe ich die Empfehlung gefunden, es könne »aus politischen Gründen sinnvoll sein, diese Vergleichsperspektive für etliche Zeit brach liegen zu lassen«. Die Thematisierung der Zahlen rechter Gewaltfälle biete stets die Möglichkeit, »für ein politisches Ost-Bashing genutzt zu werden; ungewollt wird damit die Asymmetrie zwischen den alten und den neuen Bundesländern verstärkt«.

Ich denke, es ist deutlich geworden, dass ich hier keine Ostklischees verstärken will. Ich halte es für falsch, im Osten immer nur eine Extremismusbetrachtung vorzunehmen und den Westen als Monument der Mitte zu sehen. Aber wer sich mit den Statistiken der einzelnen Bundesländer zur politisch motivierten Kriminalität von rechts insgesamt oder der der fremdenfeindlichen Straftaten im Speziellen beschäftigt, erkennt eben, dass die Fallzahlen im Osten überall sehr hoch sind. Und wenn man sie ins Verhältnis zur Einwohnerzahl setzt, sind sie überall höher oder deutlich höher als im Westen. Und die Unterschiede sind so groß, dass sich das nicht allein mit voneinander abweichender Erfassung durch die verschiedenen Länderpolizeien erklären lässt. Manchmal wird ostdeutschen Polizisten vorgeworfen, sie seien »auf dem rechten Auge blind«. Dann müsste der Osten in der Statistik der politisch motivierten Straftaten in Wirklichkeit *noch* weiter vorne liegen. Und die hohe Zahl dieser Straftaten ist sicher ein Hinweis darauf, dass auch Fremdenfeindlichkeit, die nicht strafrechtlich relevant ist, weiter verbreitet ist.

Aber woher kommt die?

Wenn man sich die grafischen Umsetzungen der statistischen Daten ansieht, die Landkarten mit Ländern oder Kreisen in verschiedenen Farbschattierungen, ist immer schnell zu erkennen, wo die DDR einst lag: Nicht nur bei der politisch motivierten Kriminalität liegen die roten Zonen im Osten, auch bei den Haushaltseinkommen oder den Armutsrisiken. Soziale Benachteiligung, wirtschaftliche Not oder Unsicherheit rechtfertigen weder Hass noch Gewalt. Aber es kommt auch nicht zum ersten Mal in der Menschheitsgeschichte vor, dass solche Faktoren gleichzeitig auftauchen und parallel zueinander wachsen oder schrumpfen.

Es gibt aber aus meiner Sicht trotzdem eine Besonderheit im Osten. Mehrere meiner Freunde und Gesprächspartner beschreiben, was ich selbst erlebe: Weil sich selbst viele als Angehörige einer benachteiligten Minderheit empfinden, gibt es ein stärkeres Konkurrenzbewusstsein. Das führt gelegentlich zu der Fehlwahrnehmung, Flüchtlingen oder Asylbewerbern werde größere Zuwendung entgegengebracht als »unseren Menschen«.

Susanne und Kristin, von denen schon zu Beginn dieses Buches die Rede war, kennen diese Äußerungen aus ihren Mecklenburger oder sächsischen Familien und Bekanntenkreisen. Susanne beobachtet »eine hohe Sensibilität für ökonomische Ungerechtigkeiten, die einen selbst betreffen, aber bei manchen Empathielosigkeit, wenn's um andere Minderheiten geht«. Und Kristin ist ebenso wie mir die Erklärung begegnet, *der Westen* habe die Not der Geflüchteten zu verantworten und nicht die DDR oder die Menschen im heutigen Mecklenburg oder Sachsen. Kurz gefasst kann man sagen: *Was gehen uns die Flüchtlinge an? Die Wessis sollen sich drum kümmern!* Das individuelle Schicksal des Geflüchteten oder Vertriebenen tritt hinter eine irgendwo anders liegende Verantwortung zurück. Und dieses Gedanken- und Gefühlsmodell funktioniert natürlich umso besser, wenn man die bemitleidenswerten Menschen, die auf gefährlichem Weg aus ihrer Heimat geflohen sind, gar nicht direkt vor Augen hat.

Nach dem Flüchtlingsjahr 2015 und vor dem Krieg in der Ukraine war es die Covidpandemie, die die Ostgemüter noch mal ganz anders erregte als die im Westen. Ich will hier ganz sicher nicht in die Diskussion einsteigen, welche Einschränkungen und Pflichten – aus heutiger Sicht – sinnvoll oder schädlich waren. Die Verschwörungsbehauptung, ein erfundenes, genetisch konstruiertes oder eigentlich ungefährliches Virus werde von einer herrschenden Clique missbraucht, um den Deutschen die Freiheit zu rauben, gibt es nicht nur im Osten. Die findet man bekanntlich auch in Stuttgart oder im Westen Berlins. Typisch ostdeutsch war aber die Annahme, das Virus sei eigentlich ein westliches Problem. Dafür sprach sogar eine Zeit lang manches. Während die Infektionszahlen in Westdeutschland in die Höhe schnellten, blieben sie in weiten Teilen Ostdeutschlands niedrig. 2020 war Deutschland lange entlang der alten Grenze zweigeteilt: rote Inzidenzgebiete im Westen, blassrosafarbene im Osten.

Erinnert sich noch jemand an das »Beherbergungsverbot«? Im Oktober 2020 erklärte der sächsische Ministerpräsident Michael Kretschmer, das gerade beschlossene Übernachtungsverbot für Reisende aus sogenannten »Risikogebieten« werde in Sachsen nicht umgesetzt. Als Begründung nannte er: »Es trifft so viele Menschen, die nichts mit dieser Krankheit zu tun haben.« Das entsprach dem damaligen im Osten weitverbreiteten Gefühl: *Was die Wessis da machen, geht uns hier nichts an.* Wenn man sich die Inzidenzverläufe heute anguckt, war das ziemlich genau der Zeitpunkt, ab dem auch im Osten die Infektionszahlen stiegen. Sie stiegen höher als im Westen. Und mit den Infektionen stiegen auch die Todeszahlen.

In Sachsen sind – Stand Juni 2023 – etwas mehr als 17 000 Menschen an Corona gestorben. Damit man das vergleichen kann: Das sind etwas mehr als 4200 Todesfälle pro Million Einwohner des Bundeslandes – fast genau doppelt so viele wie im bundesdeutschen Schnitt. In ganz Deutschland sind von einer Million Einwohner 2100 an Covid-19 gestorben – insgesamt knapp 175 000.

Und was für Sachsen gilt, gilt für fast den gesamten Osten. Überall – außer in Berlin und in meiner mecklenburgischen Heimat – sind die Todeszahlen überdurchschnittlich hoch: In Thüringen 4000 pro Million Thüringerinnen und Thüringer, in Sachsen-Anhalt 3000, in Brandenburg 2600. Und wer hier ein Muster erkennen möchte, kann seinen Blick weiter nach Osten richten: Ungarn 4900, Tschechien 4100, Polen 3000 … Alles Länder und Regionen, in denen viele Menschen den staatlichen Regeln und Grundsätzen des Westens heute zunehmend skeptisch gegenüberstehen.

Ich weiß, man soll nicht Äpfel mit Birnen vergleichen. Und sicher gibt es eine Vielzahl von Faktoren, die den jeweiligen Pandemieverlauf in einzelnen Ländern beeinflusst haben. Vom höheren Durchschnittsalter in Ostdeutschland – und damit auch einer erhöhten Anfälligkeit für Krankheiten – war schon die Rede. In Sachsen und Thüringen leben verhältnismäßig viele alte Menschen in Pflegeheimen. Vielleicht auch sitzen die Sachsen und Thüringer häufiger gesellig beisammen als die Menschen in Vorpommern. Ich werde aber den Verdacht nicht los, dass die Corona-Todesbilanz Ost auch etwas mit dem ostdeutschen Irrtum zu tun hat, man gehöre irgendwie nicht dazu.

Gerade in der Pandemie hat es eine merkwürdige Entwicklung gegeben. In der DDR gab es anders als in der Bundesrepublik eine Impfpflicht für eine ganze Reihe von Krankheiten. Und viele Ostdeutsche aus der Generation meiner Eltern haben immer stolz ihren erst grünen, später roten Sozialversicherungsausweis vorgelegt – Hammer und Zirkel im Ährenkranz, eingeprägt im Einband. Darin waren alle Impfungen bescheinigt. Und ich erinnere mich an das Erstaunen meiner Eltern, dass im Westen beispielsweise nicht mehr alle Kinder gegen Masern, Mumps und Röteln geimpft wurden. Man betrachtete das staatliche Impfwesen der DDR als fort-, den Westen mindestens in dieser Frage als rückschrittlich. Aber als Jens Spahn, Karl Lauterbach, Christian Drosten und Lothar Wieler die Deutschen zur Coronaimpfung aufriefen, entpuppten sich viele Ostbürger plötzlich als Impfskeptiker.

Wo liegen die Bundesländer mit den niedrigsten Impfquoten? Es sind Sachsen, Brandenburg (diese beiden mit großem Abstand), Thüringen und Sachsen-Anhalt. Dann hat sich Bayern in die Ostriege geschmuggelt. Es folgt Mecklenburg-Vorpommern, danach Baden-Württemberg. Die liegen alle unterm Bundesschnitt, der Rest Deutschlands darüber.

Mir scheint eine DDR-Prägung beim Umgang mit Covid keine große Rolle zu spielen. Zu DDR-Zeiten hätte es an der Bereitschaft der Bevölkerung, sich zu schützen, wahrscheinlich nicht gemangelt. Soweit ich weiß, war die Skepsis gegen staatlichen Gesundheitsschutz in der DDR nicht so groß, dass sie zu nennenswerter Impfverweigerung geführt hätte. Warum das Misstrauen gegen Robert Koch- und Paul-Ehrlich-Institut, gegen das Bundesgesundheitsministerium und die Bundeskanzlerin im Osten größer waren als im Westen, kann ich mir eigentlich nur mit einer Art Trotzreaktion erklären. Und die hatte hier – wie es aussieht – tödliche Folgen.

Pegida, Fremdenfeindlichkeit, Widerstand gegen die Coronamaßnahmen – das habe ich alles lange als mehr oder weniger große Randphänomene betrachtet. Schon ein bisschen »typisch Ost«, auch beunruhigend, aber eben nicht repräsentativ für den ganzen Osten. Auch im Osten gibt es eine Mitte. Und auf die Gefahr hin, dass ich das schon mal gesagt habe: In Ostdeutschland haben 2021 bei der Bundestagswahl 60 Prozent der Wähler für SPD, CDU, FDP oder Grüne gestimmt. Die AfD, die erklärtermaßen gegen diese »Altparteien«, wie sie sie nennt, antritt und immer einen angeblichen Volkswillen für sich reklamiert, erreichte gut 20 Prozent. Ganz schön viel, aber eben keineswegs die Mehrheit. Je rund 10 Prozent entfielen auf Linke und andere.

Doch mit dem Beginn des russischen Krieges gegen die Ukraine hat es eine Erschütterung auch dieser ostdeutschen Mitte gegeben. In den Tagen nach dem 24. Februar 2022 habe ich zunächst ein Erschrecken, einen Schock wahrgenommen. Es gab auch vor dem Angriff in weiten Teilen der (älteren) ostdeutschen Bevölkerung ein besonderes Verhältnis zu Russland. Durch Sprache, Reisen und Beruf gab es eine größere Nähe – eine Nähe, die es im Westen nicht gab.

Ich kenne aber auch aus der Generation meiner Eltern niemanden, der begeistertes Mitglied der Gesellschaft für Deutsch-Sowjetische-Freundschaft war. Die Mitgliedschaft gehörte in der DDR für die meisten dazu, wurde aber nicht gerade mit Leidenschaft verfolgt. Enge Kontakte mit Menschen aus der Sowjetunion waren selten. Mit den jungen blassen Rotarmisten hatte man entweder Mitleid, oder man traute ihnen nicht und rief die Kinder rein, wenn die Soldaten vorbeikamen. Mein Eindruck ist: Die große Solidarisierung mit Russland und den Russen hat bei vielen erst nach 1990 eingesetzt. »Da haben viele plötzlich ihr Herz für die SU entdeckt«, sagt ein Freund, der in der DDR Oppositioneller war. Den Russen, so die Logik, ist es ähnlich ergangen wie uns. *Der Westen hat uns und denen übel mitgespielt.*

Der 24. Februar war trotzdem ein Schock, weil man bei allem Verständnis für postsowjetische Nöte Russlands und vielleicht sogar Sympathie für Putin mit einem militärischen Angriff, mit schießenden Panzern, Bomben werfenden Kampfflugzeugen und heulenden Raketenwerfern nicht gerechnet hatte.

Es dauerte allerdings nur ein paar Tage, bis es hieß: *Jeder Krieg ist schlimm, aber …*

Aber der Westen habe Putins »ausgestreckte Hand« ausgeschlagen.

Aber die NATO hätte sich niemals nach Osteuropa erweitern dürfen.

Aber die CIA habe doch erst die ukrainische Revolution gegen die Kräfte des Ausgleichs mit Russland angezettelt oder unterstützt.

Im Film *Russland, Putin und wir Ostdeutsche* ging es um die Stimmung im Osten nach Beginn des Krieges. Und unter meinen Gesprächspartnern gab und gibt es viele, die die russische Aggression scharf verurteilen und die sich eher mit der angegriffenen Ukraine solidarisieren. Aber es gibt auch sehr viele, die die Verantwortung für das schreckliche Blutvergießen und die Zerstörung in der Ukraine im Westen oder zumindest *auch* im Westen sehen. Und die ein halbes Jahrhundert amerikanisches Regierungshandeln in Chile, Nicaragua und Irak als Beleg anführen, dass die USA und die NATO immer schon auf unzulässige Weise falsche Ziele verfolgten.

In den Zuschriften nach Ausstrahlung des Filmes wurden als Kronzeugen für die These vom Stellvertreterkrieg, den die Ukraine jetzt quasi im Auftrag der NATO gegen Russland führe, immer wieder zwei Westdeutsche genannt: Gabriele Krone-Schmalz und Klaus von Dohnanyi. Mir wurden Videolinks zu Reden und Auftritten der früheren ARD-

Russlandkorrespondentin und des 95-jährigen SPD-Politikers geschickt. Unbedingt müsse ich Dohnanyis aktuelles Buch lesen. Dann würden mir endlich die Augen geöffnet.

Dohnanyi sagt, die Osterweiterung der NATO sei ein Fehler gewesen. Man habe Putin durch die Aussicht auf eine mögliche Aufnahme der Ukraine in Bedrängnis gebracht. Frieden und Sicherheit in Europa und Deutschland seien durch eine falsche Politik der USA gefährdet. Und diese amerikanische Politik sei nicht im europäischen Interesse.

Krone-Schmalz ging es wie vielen (im Osten). Sie sei »fassungslos«, sagte sie unmittelbar nach Beginn des Angriffs. Aber sie gewann ihre Fassung schnell zurück und erklärte ebenfalls, Russland sei durch die NATO-Osterweiterung provoziert worden, fühle sich bedroht und sei verunsichert. Mit der Eröffnung einer NATO-Beitrittsperspektive für die Ukraine sei die russische »Schmerzgrenze« überschritten worden. Ein Vortrag von Krone-Schmalz ist im Netz millionenfach angesehen worden. Und ganze Passagen finden sich wörtlich oder sinngemäß in den Zuschriften, die ich bekommen habe. Es ist, als hätten Dohnanyi und Krone-Schmalz das Textbuch für all die Diskussionen, Onlinekommentare und Leserbriefe geschrieben.

Die Rechtspopulisten haben die Vorträge von Krone-Schmalz auch gehört, und sie haben die zustimmende Reaktion in Teilen der Bevölkerung darauf sorgfältig registriert. Das Misstrauen gegen den Westen passt bestens zu ihrem Vorhaben, die Institutionen und Prinzipien der Demokratie schlechtzumachen.

Ich kenne den Vorwurf, westdeutsche Politiker und westdeutsche Medien ließen eine offene Diskussion über die Kriegsgründe nicht zu. Ich teile ihn nicht. Die Diskussion findet überall statt. Aber es gibt eben *unterschiedliche* Positionen. Das passt nicht jedem, und das muss man aushalten. Das gilt für beide Seiten.

Ich habe den Film gemacht, um zuzuhören und um zu verstehen, was Menschen im Osten in dieser Frage bewegt. Ich teile das Entsetzen über den Krieg. Und ich verstehe auch den Impuls zu sagen, es muss Schluss sein, verhandelt endlich, das Sterben ist doch sinnlos. Ich finde weder Pazifismus lächerlich noch den Wunsch nach mehr Diplomatie und Vermittlungsinitiativen. Ich finde auch die Frage nicht naiv, wie es denn *nach* diesem Krieg mit einem Russland weitergehen soll, das immer noch von Putin oder seinem vielleicht auch nicht lupenrein demokratischen Nachfolger regiert wird.

Aber manchmal erschien es mir, als störe sich niemand daran, dass durch die These von der verhängnisvollen NATO-Osterweiterung Polen, Ungarn, Tschechien, Rumänien, Bulgarien, den baltischen Staaten, der Slowakei und Slowenien, Albanien, Kroatien und schließlich Montenegro und Nordmazedonien mal eben das Recht auf Selbstbestimmung aberkannt wird. Und dass die Ukrainer in demokratischer Wahl für diejenigen gestimmt haben, die für eine Bindung an den Westen und nicht an Russland eingetreten sind, scheint in der Debatte auch keine Rolle zu spielen.

Mir kam es vor, als sei die Bereitschaft größer, mit der verletzten Sowjetseele und Wladimir Putin mitzufühlen als mit den Familien aus Kiew, Cherson oder Odessa, die vor dem Krieg nach Deutschland geflohen waren. Meine

Ostfreundin Kristin erzählt, dass ihre eigene Mutter im Frühjahr 2022 eine Reise mit Umstieg am Berliner Hauptbahnhof ablehnte, um die Begegnung mit ukrainischen Kriegsflüchtlingen zu vermeiden. Kristin ist überzeugt, dass ihre Mutter fürchtete, sie könne sich vielleicht doch rühren lassen von ukrainischen Müttern und Kindern, die sich in Deutschland vor dem Krieg in Sicherheit bringen wollten. Für mich ist eine solche Haltung Ausdruck eines Ausblendens der Wirklichkeit, die manche ja gerade *dem Westen* vorwerfen.

Flucht, Corona und Russland. Angela Merkel plante weder eine »Islamisierung des Abendlandes« noch eine »Umvolkung« Deutschlands, wie ihr aus rechten Kreisen vorgeworfen wird. Ich halte es für ebenso abwegig, dass die nüchterne Bundeskanzlerin und der kauzige Karl Lauterbach eine »Corona-Diktatur« errichten wollten, indem sie unter Vorspiegelung falscher epidemiologischer Tatsachen die Freiheit der Bundesbürger dauerhaft beschränken wollten.

Ich finde, wir sollten alles kritisch besprechen können, natürlich auch das Handeln der NATO. Und das ist ja – auch im Westen – immer wieder geschehen und es geschieht auch weiterhin. Aber ich glaube nicht, dass Olaf Scholz, Emmanuel Macron, Justin Trudeau und Joe Biden sich als Mitglieder einer »kriegsgeilen globalistischen Elite« insgeheim des Krieges in der Ukraine erfreuen, wie es inzwischen auf den Pegida-Versammlungen behauptet wird.

Es mischt sich hier, in den drei Komplexen Geflüchtete, Corona und Krieg, ganz vieles: Misstrauen gegen demokratisch gewählte Regierungen und die Institutionen – Justiz,

Parlamente und Öffentlichkeit –, die diese Regierungen kontrollieren. Seit 1990 gewachsener Unmut und weltanschauliche Relikte der DDR-Zeit. Und in all das tröpfelt natürlich – wie anderswo auch – das Bedrohungsgefühl aus den aktuellen Krisen, Herausforderungen, Umbrüchen und Veränderungen.

Wenn man Ivan Krastev, dem bulgarischen Politologen, folgt, dann spricht Wladimir Putin die Ängste an, die vor allem ältere Menschen im Osten teilen: Panik vor dem demografischen Untergang und vor der Auflösung gewohnter Ordnungen. Vor dem, was Putin die Dekadenz des Westens nennt.

Heiko, früher Beigeordneter in einem mitteldeutschen Landratsamt, hat beobachtet, dass sich im Osten massenhaft Leute »kurz vor der multikulturellen Übernahme« wähnen – »regiert von Politikern, die neben der persönlichen Bereicherung nur eines im Sinn haben: alles zu verbieten, was bewährt, angenehm und deutsch ist«. Und oft, so geht seine Beobachtung weiter, sind das Leute, die gar keine akute wirtschaftliche Not leiden – im Gegenteil: Sie haben halbwegs komfortable Einkommen oder Renten, leben in Einfamilienhäusern mit gepflegten Gärten, haben aber eine ziemlich frische Erinnerung daran, dass es mit dem bescheidenen Wohlstand schnell vorbei sein kann. »Die haben ihre Kämpfe gekämpft, sich etwas aufgebaut und damit abgefunden, dass die Kinder in den Westen gegangen sind. Sie wollen jetzt nur noch in Ruhe gelassen werden«, sagt er.

Ich kenne diese Menschen auch. Und sie haben oft das Gefühl, sie sind mit ihrer Haltung in der Mehrheit. *Jeder bei uns denkt so.* Das höre ich immer wieder. Das mag regional, in der Nachbarschaft oder in einer dörflichen Gemeinschaft sogar stimmen. Und das Gefühl wird durch überregionale Kommunikationsnetze in den sozialen Medien noch verstärkt. Diejenigen, die einen politischen und medialen Mainstream beklagen, der Wahrheit und Mehrheit unterdrücke, betrachten sich selbst als Teil des *wahren* Mainstreams. Der hat aber bisher in demokratischen Entscheidungen, das heißt in Wahlen, keine Mehrheit gefunden – nicht mal im Osten.

Es ist eine Entfremdung auf vielen Ebenen. Und ich habe keine einfache Antwort darauf, woher sie kommt. Vielleicht ist im Osten die Neigung, den Staat und die Politik für alle möglichen Dinge verantwortlich zu machen, durch Erfahrungen in der DDR stärker ausgeprägt als im Westen. Vielleicht geht man eher in eine (stille) Opposition, weil man selbst oder die eigenen Eltern es in der DDR auch schon so gemacht haben. Vielleicht ist die Sehnsucht nach gesellschaftlicher Homogenität, nach Gleichförmigkeit zwischen sich und seinen Nachbarn im Osten größer, wie manche Soziologen meinen. Vielleicht ist ohne die Erfahrung der Öffnung Westeuropas nach dem Zweiten Weltkrieg die Anfälligkeit für Nationaltümelei in den östlichen Bundesländern größer, wie Steffen Mau sagt.

Ich glaube jedenfalls, viele sind irgendwann in den vergangenen Jahren ausgestiegen. Weil sie sich nicht zugehörig fühlten, weil sie die Möglichkeiten der Beteiligung nicht wahrgenommen haben, weil sie die Debatten in den »Westmedien« ignoriert oder verpasst haben oder weil sie einfach mit ihrem eigenen Kram beschäftigt waren. Sie stehen ungläubig und fassungslos vor den Diskussionen über Einwanderung und Diversität und sind überzeugt, nicht sie, sondern die anderen, *der Westen,* sei im Irrtum. Heiko sagt, das sei »wie der Waggon eines Zuges, der längst abgekoppelt ist, aber noch mitrollt. Es sieht eine Zeit lang so aus, als gehöre er noch dazu. Er ist aber längst allein unterwegs.«

In *Das Licht, das erlosch* beschreiben Ivan Krastev und Stephen Holmes die Enttäuschung darüber, dass der Westen, anders als 1990 erwartet, weder stabilen Wohlstand noch Sicherheit brachte, sondern selbst in Terror, Krieg, Finanz- und Flüchtlingskrise geriet, ohne darauf befriedigende Antworten zu geben.

Ich glaube, es kommt noch etwas sehr Menschliches hinzu: Die gegenwärtige Diskussion über die Benachteiligungen des Ostens und die Bedrohungen aus dem Westen sind auch Symptom der alternden Gesellschaft. Der Anteil derer, die sich mit der Bilanz ihres Lebens auseinandersetzen, steigt. *Habe ich es geschafft? Konnte ich meine Träume verwirklichen? Kann ich sorgenfrei alt werden? Wieso ist es schiefgegangen? Warum hat mich meine Frau verlassen? Wieso melden sich die Kinder nicht mehr?*

Wer mit seiner Lebensbilanz hadert, sucht Gründe für seine Unzufriedenheit. Steffen Mau sagt, das Abarbeiten an den Widrigkeiten der Umbruchsgesellschaft dominiere die Lebenskonflikte. Ich würde sagen: Menschen neigen dazu, Gründe für Lebenskonflikte weniger bei sich, sondern in äußeren Faktoren zu suchen. Das ist keine ostdeutsche Besonderheit. Das Besondere am Osten ist, dass sich in der Umbruchsgesellschaft viele auf eine Erklärung einigen können: *Der Westen ist schuld.*

Das ist noch verlockender, als zu sagen, die DDR sei schuld. Denn die gibt es – erstens – schon lange nicht mehr. Damals war man – zweitens – noch jung. Und – drittens – hat man vieles von dem, was einem später vielleicht falsch vorkam oder was Bürgerrechtler bekämpft und Westdeutsche mit Unverständnis betrachtet haben, lange bereitwillig mitgemacht. Man müsste also auf ein jugendliches Ich sauer sein oder auf einen verstorbenen Greis namens Erich Honecker. Besser also: *Der Westen ist schuld.* Für diese Schuldzuschreibung gibt es viele Argumente. Dass nicht alle gleichermaßen belastbar sind, spielt keine große Rolle.

Der Osten altert schneller als der Westen (auch weil so viele junge Ostdeutsche in den Westen umgezogen sind). Der Anteil der Menschen über fünfundfünfzig ist deswegen höher als im Westen. Auch in den westdeutschen Bundesländern ziehen die älteren Bewohner zwar Lebensbilanz und suchen nach äußeren Faktoren für ihr eigenes Scheitern, aber der sich daraus ergebende Effekt ist dort – vielleicht wegen der Altersstruktur und der weniger durch Brüche geprägten Lebensläufe – schwächer ausgeprägt. Es gibt vor allem nicht *den* einen Grund für persönliche Rückschläge oder Lebensplanuntererfüllung. Auch im Westen gibt es ein breites Spektrum von Gründen für Unzufriedenheit: der Chef, die Ehe, die Eltern, persönliche Schicksalsschläge, aber seltener: das System, der Staat oder die systematische Diskriminierung aufgrund der eigenen Herkunft – es sei denn, man gehört einer ethnischen oder religiösen Minderheit an oder fällt aufgrund einer bestimmten sexuellen Orientierung aus der bundesbürgerlichen »Norm«.

Ich rechne damit, dass auch im Westen bei zunehmender Alterung der Gesellschaft immer häufiger *das System, der Staat* oder eine Regierung, die angeblich nicht den Mehrheitswillen repräsentiert, für persönliche Unzufriedenheit verantwortlich gemacht wird. Auch die *#Metoo*-Bewegung oder das Ende des Verbrennermotors stellen möglicherweise frühere Lebensentscheidungen und Verhaltensweisen infrage. Und wer sich einem möglichen Rechtfertigungszwang nicht aussetzen will, lehnt eben ab, was *die da oben* beschließen. Auch im Westen.

Der Osten ist da nur schon einen Schritt voraus.

12. UND NUN?

Von der Fremdheit, die uns vielleicht
immer ein bisschen begleitet, und
den Chancen, die wir haben

Eine Freundin von mir – wie ich geboren in der DDR –
arbeitet für ein großes Unternehmen in Berlin. Beim Som-
merfest der Belegschaft war die Stimmung gut. Es wurde,
später am Abend, sogar getanzt. Es war eng auf der Tanzfläche. Da spielte der DJ plötzlich ein Stück, das die meisten irritierte. Die, die eben noch getanzt hatten, guckten
sich mit hochgezogenen Augenbrauen an. *Hä? Was ist das
denn? Kenn ich nicht!* Die Tanzfläche leerte sich prompt.
Übrig blieben zwei beseelte und textsichere Frauen – meine
Freundin und eine Kollegin.

Der DJ hatte »Kling Klang« von Keimzeit gespielt. Ein
Lied, das jede und jeder aus meiner Generation im Osten
kennt – und im Westen kaum einer.

Und vielleicht war das da auf der Tanzfläche der Moment,
knapp dreieinhalb Jahrzehnte nach dem Mauerfall, in dem
der Unterschied noch mal klar wurde, auch den zwei einsa-
men Tänzerinnen: »Krass, wir sind im ganzen Laden die einzigen Ossis.« Und natürlich tanzten sie demonstrativ weiter.

Valerie Schönian erzählt eine ganz ähnliche Anekdote in
ihrem Buch *Ostbewusstsein*. Sie sagt, das Lied sei in ihrer

Generation im Osten so bekannt wie Nenas »99 Luftballons«. Das stimmt. Und für meine Jahrgänge – ich bin zehn Jahre älter als Valerie – gilt das genauso. Ich war nie ein großer Keimzeit-Fan, aber das Stück gehört zum Soundtrack meiner Jugend.

Valerie Schönian hat »Kling Klang« als Abiturientin in ihrem Magdeburger Club gehört. Ich habe das Lied in Güstrow im Studentenkeller »StuK« mitgegrölt.

Ich habe es stichprobenartig überprüft: Nur die Westdeutschen in meinem Bekanntenkreis, die mal eine Zeit im Osten gelebt haben, kennen »Kling Klang«. Bei den anderen führt der Song fast ausnahmslos zu Schulterzucken. *Ah, interessant! 'ne Ost-Band ...* Meine Kinder können das Lied mit den »Erdnuss-Schüpps in deinen zuckersüßen Mund« mitsingen, die Kinder meiner Westfreundinnen haben's nie gehört.

Das ist wirklich komisch, weil das Album »Bunte Scherben«, auf dem »Kling Klang« drauf ist, erst von 1993 stammt und sogar ziemlich weit oben in den deutschen Charts stand – aber vermutlich praktisch nur wegen der Verkäufe im Osten. Ich weiß, dass Keimzeit das Lied schon in den Achtzigern geschrieben haben, als die Textzeile *Komm und lass uns heute noch nach England fliegen* noch als subversive Botschaft verstanden werden konnte. Und ich habe auch mal gelesen, dass das Stück den Bandmitgliedern inzwischen zu den Ohren rauskommt, weil sie es immer und immer wieder spielen müssen, obwohl es ihnen selbst eigentlich zu harmlos war. Wenn Keimzeit-Sänger Norbert Leisegang auf Konzerten das nächste Stück mit »Wir wurden gebeten, das folgende Lied zu spielen ...« anmoderiert, dann weiß der ganze Saal Bescheid und rastet aus.

Aber es ist für mich ganz klar ein Lied der Neunzigerjahre – »Nachwendezeit«. Und ich war verblüfft, als ich
feststellen musste, dass man daran bis heute die Trennung
erkennen kann, die durch unser Land ging und geht – und
sogar quer über die Tanzfläche. Und dass sich jemand *aus
meiner Generation,* der beim heiteren »Kling Klang« ein
bisschen sentimental wird, schlagartig fremd fühlen kann
in seiner vertrauten Umgebung. Dass das Mädchen denkt,
es fällt auf, weil es anders ist als die anderen Kinder …

Bei »Kling Klang« merke ich, dass auch ich so ein Mädchen bin – wenn auch auf harmlose Weise. Ich weiß um die
Geschichte meines Landes – des Ostens, des Westens und
des wiedervereinigten Deutschlands. Aber ich trage weder
das Teilungs- noch das Fremdheitsgefühl in mir. Doch ich
ahne, dass die, die ein paar Jahre älter sind als ich, dieses Gefühl wenigstens ein klitzekleines bisschen immer
behalten werden. Dass es viele Kling Klangs und auch viele
Zwischenklänge gibt und zugleich natürlich ebenso viele
solcher Wiedererkennungszeichen der Westdeutschen, die
den Ossis unvertraut bleiben.

Ich glaube, das ist irgendwie auch okay so.

Die Friedliche Revolution, der Zusammenbruch der DDR,
die sogenannte Nachwendezeit – das war für die meisten
der DDR-Kinder der Nachkriegsjahrgänge das größte Ding
im Leben. Egal ob erfolgreich oder nicht, ob SED-Genosse
oder Bürgerrechtlerin. Die eine bricht auf, der andere
bleibt zurück. Der eine steigt wirtschaftlich auf, die andere
verliert ihren privilegierten Status. Die meisten kommen
ganz gut klar, spüren aber immer noch die Erschütterung

und Verunsicherung in den Knochen. Andere kommen gar nicht klar und schleppen sich so durch. Und mancher vermisst nur die Ostbrötchen oder den Duft des Westpakets. Es gibt unendlich viele unterschiedliche Erzählungen.

Ich kenne einen erfolgreichen ostdeutschen CEO einer großen Agentur, der heute nach der Lektüre des Buches *Das letzte Jahr* immer noch Verlegenheit oder sogar Scham empfindet für seine Naivität (und die seiner Landsleute) in der Umbruchzeit. Das Buch von Martin Gross ist der literarische Bericht eines damals knapp vierzigjährigen Westdeutschen, der 1990 nach Dresden gezogen war, um ein Jahr in einem bereits »ungültigen Land« mit gelblicher Straßenbeleuchtung zu verbringen. Für mich ist Gross' melancholischer Bericht fast wie ein Geschichtsbuch. Ich wünschte, ich könnte für kurze Zeit zurückreisen in das Land meiner Eltern, in die Zeit der Revolution und der anschließenden Umbrüche, um mir selbst ein Bild zu machen und nicht nur auf das vertrauen zu müssen, was mir durch Erzählungen und Bücher vermittelt wird. Aber das geht nun mal nicht, das Land ist weg.

Auch für uns Jüngere, Kinder von DDR-Bürgerinnen und DDR-Bürgern, sind 1990 und die folgenden Jahre ein immer noch spürbarer Einschnitt. Vieles Großartige ist möglich geworden, aber auch für uns ist oft ganz schön was ins Wanken geraten. Und unsere Eltern und deren Blick auf die Welt damals und heute begleiten uns natürlich weiter.

Ich selbst empfinde bis heute Glück und Erleichterung, dass ich nicht in der DDR aufwachsen musste. Und vor allem: dass meine Kinder es nicht müssen. Nicht nur, aber auch, weil wir tatsächlich zusammen *heute noch nach England fliegen* könnten.

Ich kenne Menschen, die finden, die DDR sei ein Staat des Friedens und der Gleichheit gewesen. *Gerechter als im Westen ist es allemal gewesen,* heißt es oft. Ich kenne den Ostberliner Revolutionär von 89, der sich weigert, auch nur einen Sonntagsausflug nach Brandenburg zu machen. *Soll ich etwa zum Kaffeetrinken zu den Nazis fahren?* Ich bin Leuten begegnet, die sagen, sie werden das nächste Mal AfD wählen, obwohl sie davon überzeugt sind, dass die Partei mindestens rechtsextrem ist. *Aber was soll ich denn sonst wählen?* Ich kenne eine Westdeutsche, die bis heute nicht in Leipzig, Rostock oder Quedlinburg gewesen ist und das auch vollkommen in Ordnung findet. *Was soll ich denn im Osten?* Ich kenne Ostdeutsche, die für jedes Unglück vorsätzliche westdeutsche Diskriminierungen verantwortlich machen. *Ich empfinde einen unglaublichen Zorn über die Ungerechtigkeiten.* Ich weiß von Leuten, deren Verletzungen von vor dreißig Jahren so tief sitzen, dass sie nicht mal ihren Kindern verzeihen können, dass die anderswo als in Chemnitz oder Greifswald ihr Glück suchen. *Du verrätst deine Heimat. Du verrätst uns!*

Und alle, die ich hier gerade habe auftreten lassen, sitzen tief eingegraben in ihren Stellungen, die sie in den letzten Jahren eher noch befestigt haben.

Was aber soll werden? Wie kommen wir da raus? Was müssten wir tun? Müssen wir was tun?

Um mit der letzten Frage anzufangen: Ja, ich glaube, wir müssen was tun.

Ich habe kürzlich das Buch von Reinhold Beckmann gelesen: *Aenne und ihre Brüder*. Es ist die wirklich berührende Geschichte von Reinholds Mutter und ihren vier Brüdern, die alle im Zweiten Weltkrieg gefallen sind und deren Schicksale man in ihren Feldpostbriefen nachlesen kann. Zu Beginn des Buches beschreibt Reinhold die historische Situation in Deutschland nach dem Ersten Weltkrieg und wie die als Demütigung empfundene Niederlage in den Extremismus, die Naziverbrechen und den nächsten Weltkrieg führt. Ich will hier gar nichts aufpusten. Die Situation im wiedervereinigten Deutschland im dritten Jahrzehnt des 21. Jahrhunderts ist sicher nicht zu vergleichen mit der Lage von vor hundert Jahren. Aber mir wurde durch die Lektüre noch mal vor Augen geführt, wie folgenreich Demütigungsgefühle sein können. Und vor allem: wie verhängnisvoll der Weg in den Extremismus ist. Auch deswegen denke ich: Ja, wir müssen was tun.

Und dieses *WIR* meint alle. Wirklich *WIR*. Ost und West, Alt und Jung. Es kann ja sein, dass sich viele im Osten voller Selbstmitleid in ihren Ostfrust zurückziehen und nach dem Sündenbockprinzip einfach beschließen: *Der Wessi ist schuld!* Und es ist sicher so, dass viele im Westen mit unverdientem Überlegenheitsgefühl oder ignorantem Desinteresse auf den Osten blicken, ihre Klischees für Erkenntnis halten und trompeten: *Vergiss den Ossi!*

Das eine ist so doof wie das andere. Da müssen wir raus.

Was ich meiner ostdeutschen Heimat zu sagen hätte:
Immer noch wählt bei uns im Osten die Mehrheit *nicht* rechtsextrem. Das habe ich schon früher in diesem Buch

betont. Ich habe es geschrieben, um daran zu erinnern, dass *der Osten* verschiedener, diverser, demokratischer ist als vielfach (vor allem im Westen) angenommen.

Und dann merke ich, dass ich das in meiner großstädtischen Westberliner Blase manchmal selbst vergesse. Und dass ich vor Reisen in die ostdeutsche Provinz eigentlich selbst die Erwartung habe, dort sofort auf Nazis oder zumindest auf potenzielle Wähler extremistischer Parteien zu treffen. Das Vorurteil den Menschen in Ostdeutschland gegenüber ist so stark, dass es selbst die Gutwilligen und Einheimischen beeinflusst.

Auch die drei Mitglieder der Chemnitzer Band Blond erzählen, sie hätten durchaus manchmal Vorurteile, wenn es für sie zu Auftritten in andere ostdeutsche Städte geht. Dabei könnte man sich doch fragen: Wenn man aus Chemnitz kommt und sowieso andauernd mit all den Zuschreibungen zu kämpfen hat, die diese Stadt treffen, müsstet ihr dann für Klischees und Vorurteile nicht insgesamt weniger empfänglich sein? Aber nein, sie sind da. Blond wundern sich selbst darüber.

Und ja, man trifft bei uns im Osten auf ganz schön viel Frust und Ablehnung, aber natürlich ist die Sache komplexer. Man muss nur die Augen und die Ohren aufmachen, um festzustellen, dass die Grundstimmung oft genug gut ist, dass Menschen Sorgen haben, aber entschlossen sind, selbst nach Lösungen zu suchen.

Ich war für die Arbeit an meinem zweiten Film auf einer Bürgerversammlung mit Michael Kretschmer, dem Ministerpräsidenten, in Nordsachsen. Es ging dort vor allem um Sorgen wegen eines geplanten Industriegebiets, aber auch um Fachkräftemangel, bürokratische Hemmnisse bei der Integration von Flüchtlingen oder Stundenausfall in den Schulen. Ich hatte – Sachsen! – mit aufgeheizter Stimmung gerechnet, aber es ging absolut zivil zu. Buchstäblich. Die Vertreter der Bürgerinitiativen, die lokale Wirtschaft, Grundschullehrerinnen und natürlich der ältere Bürger mit dem viel zu langen Koreferat über den Personalmangel in der lokalen Gastronomie. *Jetzt aber Ihre Frage bitte!*

Die Leute trugen ihre Anliegen vor, sie hatten sich vorbereitet, ein paar lasen von Zetteln ab, andere konnten komplizierte Sachverhalte frei und nachvollziehbar erklären. Es gab Nachfragen, vereinzelt Zwischenrufe, manchmal Beifall. Später grillte die Freiwillige Feuerwehr Rostbratwürste, und ein Spielmannszug sorgte fürs Tschingderassabum. Ich dachte, hier ist sie, die Zivilgesellschaft! Vielleicht gab es bei einigen ein bisschen zu viel Ehrfurcht vor Ministerpräsident und Landrat. Und die Hoffnung, man könne durch persönlichen Kontakt, durch Vorsprache im Wege einer *Eingabe* etwas erreichen.

Die Überzeugung, *die da oben* entscheiden über die Köpfe der Bürgerinnen und Bürger hinweg, speist sich auch daraus, dass sich viele bei uns als *wir hier unten* definieren. Dass sie eben nicht selbst in Initiativen, Vereinen, Parteien, Kreis- und Landtagen Lösungen formulieren, verhandeln und zur Abstimmung stellen, sondern denken, ich schreibe einen Brief oder ich spreche den Ministerpräsidenten persönlich an und dann gibt es eine kleine Hoffnung, *erhört* zu werden.

Ich glaube, weniger passives Erdulden ist möglich. Mehr aktive Beteiligung ist sinnvoll. Ich weiß nicht, ob der Vorschlag des jungen Görlitzer Schriftstellers Lukas Rietzschel sinnvoll und auch nur annähernd realistisch ist, Mandate für Stadt- und Kreistage per Losverfahren zu verteilen, um so demokratische Mitbestimmung, Teilhabe und Teilnahme »zu verordnen«. Aber mir gefällt der Gedanke, die Bringt-nüscht-Haltung aufzubrechen. So oder so: Wir brauchen eine Kultur des Diskutierens im Osten, wir müssen Kraft dafür sammeln. Die Alternative lautet sonst *Lieferando*-Mentalität, wie mein Freund Josef sie genannt hat. Und die bringt uns nicht weit, wie wir gerade erleben.

Wir müssen verstehen, dass wir mitmachen dürfen und mitmachen müssen. Und nicht nur zugucken und Anweisungen oder Gnade von oben erhalten. Das bedeutet eben nicht, nur zu meckern oder *Protest* zu wählen, sondern aktiv mitzugestalten. Ist anstrengend, oft frustrierend und birgt immer das Risiko, am Ende in einer Abstimmung zu unterliegen. Nicht alle Kompromisse sind faul, sie sind kein Zeichen von Schwäche, sondern sie erhalten und schaffen Gemeinschaft.

Ich weiß, es ist leicht, Empfehlungen abzugeben, wenn man selbst mit gutem Gehalt in einer komfortablen Altbauwohnung sitzt oder gut ausgeleuchtet in einem Hamburger Fernsehstudio steht. *Guten Abend!* Außerdem klingt das alles ziemlich nach Gemeinschaftskundeunterricht. Aber was hilft's? Demokratie klappt nicht, wenn die Menschen nicht mitmachen. Die 45 Prozent von uns, die glauben, in einer Scheindemokratie zu leben, dürfen nicht verloren gegeben werden, dürfen nicht weiter abdriften. Ich habe leider oft das Gefühl, dass die Politik genau das zulässt, aus einer fast naiven Gewissheit heraus, es werde nicht so schlimm kommen.

Wenn der Bundeskanzler sagt, die AfD werde schon

nicht zu stark werden, glaubt er dann, dass sich die Probleme von allein lösen, dass sich jahrzehntelange Entfremdung und die große Frage nach Schuld und Verantwortung in Luft auflösen? Durch einen höheren Mindestlohn? Kann Scholz darauf vertrauen, dass bei den nächsten Wahlen die Ossis schon wissen, was richtig ist?

Es hilft sicher nicht, dass kaum Ostdeutsche der Regierung angehören, so fehlt die Antenne, die unbedingt häufiger mal gen Osten gedreht werden sollte.

Aber klar ist ja auch: Bürgernähe lässt sich ohne Bürger, die Nähe zulassen, nicht erreichen.

Das gilt alles für den Osten *und* den Westen. Die Neigung, sich wütend abzumelden, begegnet mir in allen Teilen unseres Landes. Sie ist vielleicht regional unterschiedlich stark ausgeprägt. Im Osten gibt es allerdings die verbreitete Überzeugung, der Westen, die Westdeutschen, das System der Bundesrepublik seien schuld an den beklagten Miseren.

Elf Kapitel lang ging es vor allem darum, was schiefgegangen ist und immer noch schiefgeht. Ich will den Westen nicht aus der Verantwortung entlassen. Ich glaube aber, dass die bestehende Westfixierung im Osten keine Lösung ist. *Der Osten* mag auch eine Erfindung *des Westens* sein. *Der Westen* ist aber auch eine Erfindung *des Ostens*. Westdeutsche sind arrogant, ignorant, belehrend, verfestigen heimtückisch die strukturellen Nachteile und befördern sich immer nur gegenseitig – wer das behauptet, muss sich nicht wundern, wenn von der anderen Seite behauptet wird, alle Ostdeutschen sind undankbar, jammern viel oder sind sowieso Nazis. Das eine ist eine ebenso unzulässige pauschale Behauptung wie das andere. Und wer an diesen Verallgemeinerungen festhält, sitzt in der Sackgasse. Festgefahren, abgeschrieben – es wird sich nichts ändern. Feierabend.

Erst im Nachhinein ist mir aufgefallen, dass es auf der nordsächsischen Bürgerversammlung gar nicht um den Westen ging. Und das war ein entscheidender Faktor.

Ich werde manchmal nicht schlau aus uns Ossis. Ganz schön viele nehmen teil und engagieren sich politisch und gesellschaftlich. Sie bringen außerdem eine Lebenserfahrung mit, die vielen Westdeutschen fehlt, weil sie einen Bruch erlebt haben, der den Wessis fehlt. Ich habe in den letzten Jahren viele Leute getroffen, die sagen, wir müssen einfach mitmachen. Die sagen, ich kann diese ewigen Ost-West-Vergleiche nicht mehr hören.

Und dann, fünf Minuten später, tappen sie wieder in die alte Falle: Es kommt das große Vergleichen und Erinnern – was der Westen alles falsch gemacht hat und immer noch falsch macht, so viel Ungerechtigkeit, so viel Überheblichkeit. Und das ganze Selbstbewusstsein ist im Eimer. Es ging gut, solange sie sich selbst als Ossis mit Erfahrung und Geschichte sahen, und dann plumpsen sie in ein Ohnmachtsgefühl, das viele eigentlich schon überwunden hatten. Die Bitterkeit kehrt zurück.

Und in dieser Stimmung, in dieser Rolle, sind sie bereit, zur Verteidigung ihrer Herkunft die Unfreiheit und Enge der DDR zu rechtfertigen – oder gar den russischen Angriff auf die Ukraine. Ich beobachte immer wieder, dass Ostdeutsche frei und ungezwungen auf die DDR und ihre eigene Geschichte blicken können, auf den merkwürdigen Staat, dessen Bürger sie sein mussten und nach dessen Regeln sie ihr Leben geführt haben. Aber diese Bereitschaft zur Kritik verschwindet sehr schnell – schon, wenn die eigenen Kinder dabei sind und von sich aus Kritik an der DDR üben. Dann schließen sich plötzlich die Reihen, und es kommen die Gegenvorwürfe: *Als ob heute alles immer frei und gerecht zugeht!*

Viele Ossis fühlen sich immer noch oft vom Westen belehrt. Aber wisst ihr was? Ich fühle mich auffallend oft von älteren Ostdeutschen belehrt, die auf ihr Recht und ihre Wahrheit bestehen und keine andere Erzählung zulassen wollen. Die mir nach meinen Filmen Mails und Links zusenden, damit ich endlich verstehe, was die einzige, allumfassende Wahrheit ist. Die mir die Kompetenz und Lebenserfahrung absprechen, mich überhaupt äußern zu dürfen. Dabei machen auch sie sich nur irgendeinen für sie halbwegs plausiblen Reim aufs große Durcheinander der Welt und des Lebens.

Ich wünschte, wir könnten diese immer gleichen Reaktionsmuster durchbrechen und die damit verbundene Härte auflösen. Ich glaube, dass so etwas wie eine Ostidentität sich nicht nur über Abgrenzung vom Westen bilden sollte. Dabei kann nichts Gutes entstehen.

Vielleicht könnten wir am Verhältnis von Vor- und Rückschau arbeiten. Das stimmt nämlich nicht. Alte Rechnungen lassen sich nicht begleichen, nicht durch einen neuen Kalten Krieg, in dem der Westen schlecht dasteht, und nicht durch Wahlerfolge, die rechtsextreme oder populistische Parteien durch die Stimmen der Zornigen erringen.

Dirk Oschmann, der Autor von *Der Osten: eine westdeut-sche Erfindung,* hat mir gesagt: »Wenn ich im Buch differenziert hätte, hätte mir niemand zugehört. Hätte ich differenziert, wäre ich untergegangen.« Aber Oschmanns Polemik ist für mich und viele in meiner Generation, die Susannes und Kristins, keine Lösung. Wir müssen all die verschiedenen Geschichten und Haltungen aushalten können. Wir müssen sie zulassen und bündeln und so die Ostgeschichten zu einem Teil gesamtdeutscher Geschichte machen. Das ist unsere Aufgabe, und das ist auch das, was wir für unsere Eltern tun können. Wir werden ja weiter an ihrer Seite sein – so oder so. Wir reden mit ihnen, wir streiten mit ihnen und wir fühlen mit ihnen. Und auch für unsere Kinder tun wir das, für die nächsten Generationen, die nur noch eine blasse Ahnung von all dem haben, was geschehen ist in den vergangenen fünfzig Jahren. Aber diese blasse Ahnung soll nicht alte Vorurteile und Stereotype transportieren, sondern die Vielfalt, die die Geschichte des Umbruchs nun mal ausmacht.

Es kommt mir zu den Ohren raus wie »Kling Klang« seinen Erfindern: Das Ziel muss eine »Anerkennung der Lebensleistung« der Ostdeutschen sein. Das hört und liest man seit Jahren. Die Forderung findet man in Reden und Interviews, auf Demos und in privaten Gesprächen. Die Anerkennung der Lebensleistung ist eine der Floskeln der Feiertagssprache der Einheit. Ich verstehe, was damit gemeint ist, aber es fällt mir immer schwerer, diese Worthülse mit Inhalt zu füllen. Bundespräsident Frank-Walter Steinmeier hat mal gesagt: »Die persönlichen Umbrüche, der Jobverlust, die Abwanderung ganzer Generationen, die unzähligen Veränderungen – das ist im Westen nicht wirklich gesehen, geschweige denn anerkannt worden.« Das stimmt alles. Aber mir ist das zu einseitig. Auch wir Ostdeutsche müssen manches anerkennen – nicht nur die ökonomische Solidarität Westdeutschlands, etwa die westdeutschen Steuermilliarden, die in die Ostrente geflossen sind, sondern zum Beispiel auch die Lebensleistung derer, die im Osten die Friedliche Revolution erstritten haben. Gerade im Osten wird oft darüber hinweggegangen, dass Menschen aus ihren Reihen etwas riskiert haben. Wer im Osten aus politischen Gründen nicht zu Abitur oder Studium zugelassen wurde, hat darunter oft bis heute zu leiden.

Ich erkenne die Lebensleistung meiner Eltern und ihrer Generation an, aber auch die der Bürgerrechtler und Umweltaktivisten unter ihnen. Ich empfinde jedoch die Unerbittlichkeit im Ton mancher damaliger Oppositioneller nicht als Hilfe. Was ich heute sehr bedauernswert finde, ist die Uneinigkeit der Regimekritiker und Revolutionäre von damals. Was hätten die für eine Kraft entfalten können, auch nach der Wiedervereinigung, wenn sich nicht viele von ihnen untereinander zerstritten hätten? Und heute darum wetteifern müssten, wer der wahre Revolutionär war und wer nur Mitläufer des Widerstands.

Ich würde jedenfalls gerne das Gespräch der Zeitzeugen, die vor drei Jahrzehnten auf unterschiedlichen Seiten standen, miterleben. Denn es ist doch so: Die einen sprechen nicht miteinander, und die anderen führen Selbstgespräche. Viele erwarten, dass der Westen sich entschuldigt für all die Zumutungen, Demütigungen und Ungerechtigkeiten des Vereinigungsprozesses. Aber diese Entschuldigung wird nicht kommen. Und sie würde auch gar nichts bringen. Der Osten muss es aus sich selbst heraus schaffen. Der Westen wird sich kaum bewegen, er wird Aufarbeitung und Selbstheilung aber auch nicht verhindern.

Dem Kölner oder der Göttingerin ist das Ganze nämlich ziemlich egal. Das ist oft kein böser Wille. Es ist eher Gleichgültigkeit. Die Stuttgarter werfen dem Ossi seine Vergangenheit gar nicht vor. Im Zweifel würden sie immer sagen: Mensch, die Ossis haben es aber auch wirklich nicht leicht gehabt. Erst DDR, dann das Umbruchchaos ... Genervt sind die Westdeutschen erst, wenn ihnen das Gemecker und Gezeter aus dem Osten zu doll wird. Und dann schnappt die Klischeefalle auch ziemlich schnell wieder zu.

Was ich meiner westdeutschen Heimat zu sagen hätte:
Vor einiger Zeit wurde ich aufmerksam auf einen Meinungsbeitrag in der *New York Times*. Er trug den Titel »What if We're the Bad Guys Here?« (Was, wenn wir die Bösen sind?). Das machte mich neugierig. Der Kolumnist David Brooks schrieb über die Spaltung der amerikanischen Gesellschaft, die unversöhnlichen Gegensätze, die jeweilige Überzeugung, auf der richtigen Seite zu stehen.

Und er hielt den überwiegend liberalen Lesern der *New York Times* den Spiegel vor: Die wohlhabenden Demokraten aus den großen Küstenstädten seien vielleicht aufrichtig, freundlich und gemeinwohlorientiert: »Aber wir nehmen Systeme, die unterdrückerisch geworden sind, als selbstverständlich hin und profitieren von ihnen.«

In dem Artikel ging es um viele sehr amerikanische

Fragen – Bildungs-, Sozial- und Wirtschaftspolitik –, die sich kaum auf die Verhältnisse in unserem Land übertragen lassen. Aber manches kam mir in Brooks' Artikel dennoch irgendwie bekannt vor. Vor allem das Unverständnis, manchmal die Fassungslosigkeit, dass *die anderen* einfach nicht verstehen, was doch sooo offensichtlich ist … Frieden, Freiheit und Gerechtigkeit, Osten, Westen, Demokratie – ist doch alles sonnenklar! Da kann es doch keine verschiedenen Meinungen geben!

Gibt es offenbar doch. Es besteht deswegen die Notwendigkeit, die Perspektive zu wechseln und den Versuch zu machen, die Sache von der anderen Seite zu betrachten.

Auch bei uns gibt es sich selbst verstärkende Privilegien. Es ging schon um die unterschiedlichen Startvoraussetzungen von Ost- und Westdeutschen – Einkommen, Vermögen, Beziehungen – und um die Konsequenzen daraus. Der Studentin, die in einer Eigentumswohnung lebt, die die Eltern finanziert haben, die nicht nebenher jobben muss oder die ein hübsches Erbe in Aussicht hat, fällt im Leben vieles leichter.

Ich bin anderer Meinung als Dirk Oschmann, der eine systematische, vor allem: bewusste Benachteiligung Ostdeutscher bei der Besetzung von Spitzenpositionen sieht. Ich halte die Schieflage bei den Führungskräften – abgesehen von der historischen Notwendigkeit der Neubesetzungen nach der Friedlichen Revolution – in der Regel für eine Folge von unverzeihlicher Gedankenlosigkeit. Aber es ist spätestens jetzt notwendig, sich hier ernsthaft Gedanken zu machen – als Vorgesetzte oder Personalchef bei Einstellungen und Beförderungen und als genervte Westdeutsche beim Ärger über nörgelnde Ossis. Kann es sein, dass wir Systeme, die unterdrückerisch geworden sind, als selbstverständlich hinnehmen und von ihnen profitieren? Diese Frage richte ich hier an *uns Westdeutsche.*

Und wenn man mich fragen würde: Was hast du uns Wessis sonst noch zu sagen? Dann würde ich natürlich vorschlagen: Wir sollten mal zusammen Keimzeit hören. Und außerdem könnten wir uns klarmachen, dass das Ende der DDR, der Eintritt in ein neues System, die damit verbundenen schnellen Veränderungen im Leben der meisten DDR-Bürger, wirklich eine *Wende* waren, eine Lebenswende. Fragt Ostdeutsche bei nächster Gelegenheit mal nach ihrer Geschichte: Wie war das für dich damals, und wie ist es für dich heute? Ohne Kommentare, ohne Einwände. Ich bin mir sicher, viele Zuhörer würden staunen, welchen Effekt das hätte.

Noch ein kleines Gedankenexperiment mit der Frage: Wer gehört eigentlich zur Norm, und wer gehört zu denen, die davon abweichen? Bildet der Westen wirklich die Norm? Sind die Ossis *die anderen*?

Nehmen wir die Babyboomer aus der Bundesrepublik, die in einer nie gekannten Phase des Friedens und Wohlstands wachsen und gedeihen durften – global gesehen eine große, fantastische Ausnahmesituation. Viel *normaler* ist doch auf dieser Welt, dass das Leben von Brüchen gekennzeichnet ist: politischen Systemwechseln, existenzbedrohenden Naturkatastrophen, Hungerkrisen.

Wir stehen auch heute vor großen Veränderungen. Überall ist das zu spüren: Klima, Krieg und Inflation, Migration, demografischer Wandel und der Umgang mit Diversität. Viele nehmen diese Herausforderungen an und fragen sich, wie wir uns am besten und am menschenfreundlichsten einstellen auf die sich verändernden Lebensumstände. Andere stemmen sich mit Macht gegen jede Veränderung und leugnen sogar die offenkundigen Fakten.

Viele Menschen wünschen sich ein langsameres Tempo der Veränderungen oder sogar eine Rückkehr zu früheren Verhältnissen. Brooks zitiert in der *New York Times* einen amerikanischen Politikwissenschaftler, der sagt: »Wenn Sie eine farbige Person, eine Frau, die Wert auf die Gleichstellung der Geschlechter legt, oder eine LGBT-Person sind, würden Sie dann ins Jahr 1963 zurückgehen wollen? Ich bezweifle es.« Ich persönlich möchte nicht mal in mein Geburtsjahr 1979 zurückkehren müssen. Bis dahin gab es zum Beispiel in politischen Magazinsendungen praktisch nur männliche Moderatoren.

Ich will die Zeit weder anhalten noch zurückdrehen, aber ich kann mich bemühen zu verstehen, was bei denen los ist, denen alles zu schnell geht. Die Sorge, die sich mit Veränderungen verbinden, Ängste und auch irrationale Abwehrreaktionen gibt es überall in unserem Land (und in der ganzen Welt). Uns Westdeutsche könnte man daran erinnern: Die meisten Ostdeutschen haben bereits einen Umbruch, eine große Transformation, hinter sich. Viele wollen in Ruhe gelassen werden. Sie sind »veränderungserschöpft«, wie Steffen Mau sagt. Das macht Ausländerfeindlichkeit, Corona- oder Klimaleugnen nicht besser, aber man bekommt vielleicht eine Ahnung, was einer der Gründe dafür ist.

Wenn wir im Osten sagen, dass wir die untergegangene Welt als Teil unserer Biografie begreifen müssen und auch wollen, dann heißt das für uns alle, dass wir die DDR-Geschichte als Teil der gesamtdeutschen Geschichte betrachten müssen. Und dazu gehört das Bewusstsein, dass eine große Gruppe in unserem Land spät die Freiheit gewonnen hat, die die anderen schon kannten. Dass aber der Weg in diese Freiheit für viele ganz schön mühsam und herausfordernd war.

Dass die Geschichte der DDR und der Wiedervereinigung Teil der gesamtdeutschen Geschichte ist, weist ja auch in die Zukunft. Es war falsch und es ist falsch, dass wir mit mehr oder weniger großem Interesse aus dem Westen in diesen fernen, fernen Osten blicken und die Entwicklung dort als Vorgänge in einem schlecht gelaunten Land betrachten, das irgendwie nur so halb zu uns gehört. Und es ist ebenso falsch zu sagen, es reicht jetzt mal, gebt doch endlich Ruhe da drüben.

Auch weil vieles, was Menschen im Osten jetzt bewegt und unruhig macht, längt keine »Ost-Probleme« mehr sind. Weder die Alterung der Gesellschaft oder die Veränderungsmüdigkeit noch der blühende Rechtspopulismus. Das zeigen ja auch die Wahlergebnisse im Westen. Die scheinbar ostdeutsche Debatte ist unsere Debatte, auch wenn sich das einige zwischen Hamburg-Winterhude und Starnberger See nicht so richtig vorstellen mögen. Im Ost-West-Stück spielt jeder seine Rolle und hat es die vergangenen drei Jahrzehnte getan. Sich desinteressiert rauszuschleichen, ist eindimensional und fahrlässig.

Was ich uns Ostkindern des vereinigten Deutschlands zu sagen hätte:

Natürlich sind wir Ostkinder. Wir stammen aus diesem Land des Umbruchs, wir sind die Kinder unserer Eltern, wir erfüllen deren Wünsche oder verweigern uns ihnen. Wir teilen ihre Ansichten, oder wir widersprechen ihnen. Wir wissen um die Kämpfe, die unsere Eltern geführt haben und führen – die alten Konflikte und die neuen. Wir haben deren Befreiung oder deren Demütigung erlebt oder erleben heute die Nachwirkungen. Wir emanzipieren uns von ihren Unsicherheiten, oder wir erben sie.

Deswegen sind wir, die wir aus Mecklenburg oder Thüringen stammen, auch nicht nur Mecklenburgerinnen oder Thüringer, sondern irgendwie Ostdeutsche. Wenn wir uns treffen, schwingt vieles von dem mit, ohne dass wir darüber sprechen müssten. Und das ist dann doch ein bisschen anders, als wenn wir Schwaben, Westfalen oder Friesen wären.

So ist es eben. Und das ändert sich auch nicht so schnell. Und wenn Westdeutsche, die genauso spät Geborene sind wie wir, Ossi-Witze machen oder behaupten, sie wüssten, wie es in Chemnitz ist, obwohl sie noch nie da waren, dann stellen sich uns die Nackenhaare auf, und auch wir sind bereit, plötzlich den Ostladen zu verteidigen, der uns vielleicht selbst manchmal auf den Wecker fällt.

Mir gefällt das Selbstbewusstsein der jüngeren Ostfrauen, die vielleicht andere, selbstständigere Rollenvorbilder haben als manche Mädchen aus dem Westen. Mir gefällt, dass ich aus einem Land stamme, das eine befreiende Revolution erlebt hat, ohne dass Blut geflossen ist.

Und wir selber haben oft eine Jugend erlebt, die vielleicht nicht so sehr abgesichert und geborgen war, weil unsere Eltern ganz schön viel mit sich und ihren eigenen Orientierungsschwierigkeiten beschäftigt waren.

Natürlich fällt es uns leichter, optimistisch in die Welt zu ziehen, weil wir jung sind – jedenfalls jünger als unsere Eltern. Aber wir sollten kein schlechtes Gewissen haben, weil wir vielleicht die Fremdheit, die manche unserer Eltern empfinden, nicht teilen. Wir kommen aus dem Osten, wir sind die Kinder von DDR-Bürgerinnen und DDR-Bürgern, aber wir dürfen trotzdem *unser* Leben führen in unserem Land – nicht in einem Land der Erinnerung. Wir dürfen sagen: Es ist mein Leben. Ich kann euch verstehen, und ich sehe euren Schmerz, ich weiß um eure Erfahrungen, aber ich werde meine eigenen machen. Ich kann Dinge gut oder richtig schlecht finden – unabhängig davon, ob ich sie im Osten oder im Westen finde.

Wir sind ostdeutsch, aber wir müssen uns nicht gegen den Westen definieren. Ich bin Mecklenburgerin, Berlinerin, Mitteleuropäerin, aber ich muss mich von nichts abgrenzen, um mich zu beschreiben, schon gar nicht vom *großen Westen*. Es reicht doch, wenn wir offen, bewusst und ohne Verdrückungen mit unserer Herkunft umgehen können. Dafür muss der Westen uns nicht gutmütig das Händchen halten. Das können wir auch selbst hinkriegen, jede für sich.

Okay, vielleicht habe ich jetzt auch ein paar Ost-Klischees aufmarschieren lassen. Es ist und bleibt ein Hin und Her, auch für mich, auch wir sind manchmal innerlich zerrissen. Da ist das ewige Schwanken zwischen Solidarität mit der Elterngeneration und starker Ablehnung des Systems DDR. Wir müssen die Vielschichtigkeit anerkennen und die Kompliziertheit zulassen. Es gibt keine einfachen Antworten. Wir dürfen Probleme wie den Rechtsextremismus in Ostdeutschland nicht unter den Teppich kehren, aus Angst, dass der Westen sich dann ja wieder in seinen Vorurteilen bestätigt fühlen könnte. Wir müssen das Gute benennen und das Schlechte auch. Erst dann wird es uns möglich sein, die DDR-Vergangenheit auch als das zu betrachten, was sie ist: deutsche Geschichte, unsere deutsche Geschichte.

In Güstrow, im StuK, Mitte der Neunzigerjahre, wurde »Kling Klang« meistens als Rausschmeißer gespielt. Der DJ legte die Platte auf. Und wenn Keimzeit die Zeile *Kling klang – du und ich, die Straßen entlang* gesungen hatte, drehte der DJ den Ton weg und der ganze Keller brüllte aus vollem Herzen: »Bloß von hier weg! So weit wie möööög-lich!« Raus aus der Provinz, auch raus aus dem Osten wollten wir. Und dann haben wir den Osten später doch überallhin mitgenommen. Und das wird unser Leben lang so bleiben.

DANK

Dieses Buch ist Teil einer Reise, die ich seit einiger Zeit unternehme und die auch nach dem Schreiben des letzten Satzes weitergeht. Wer darauf gewartet hat, dass ich eine verblüffende Erkenntnis auf die andere stapele, auf jede Frage eine showreife Antwort parat habe, wird möglicherweise enttäuscht sein. Es wäre mir mit meinem bisschen DDR-Leben sogar anmaßend vorgekommen.

Ich bin mit vielen Fragen gestartet. Es tun sich ständig neue auf. Viele sind mir erst während des Schreibens begegnet. Ich nehme an, dass das beim Lesen auch spürbar ist.

Die Beschäftigung mit dem Thema ist ein ständiges Annähern, ein Suchen nach Worten, eben ein Prozess.

Ich habe das große Glück, viele Menschen um mich zu wissen, die bereit waren, mich bei alldem zu begleiten, die mit großer Offenheit aus ihrem Leben erzählt, von ihrer Zerrissenheit und auch von ihren Überzeugungen berichtet haben.

Sie waren immer wieder mit dabei, wenn es darum ging, einzutauchen ins Damals und zu grübeln darüber, was das alles mit dem Jetzt zu tun haben könnte. Und was das fürs Morgen bedeutet.

Mein Mann Sven ist nicht nur ein astreiner Bürogenosse und Ehemann, sondern auch ein geduldiger, kluger und emsiger Gefährte, der seinen großen ostdeutschen Freundeskreis aktiviert hat, um zu diesem Buch beizutragen. Und mit dem ich schon über Ost und West, damals und heute, Orangen und Apfelsinen diskutiert und gestritten habe, als wir noch gar nichts ahnten von diesem Buchprojekt.

Sven, Du bist als Wessi wie als Ossi unersetzbar, ich danke Dir für Deine unschätzbar große Unterstützung und dass Du abends noch mal mit dem Hund rausgehst. Liebe.

Mutti und Papa, ständig komme ich Euch mit dem Thema, und dann auch noch öffentlich und so persönlich. Es muss eine ganz schöne Aufgabe für Euch sein. Ich weiß Eure große Toleranz, die ich nicht zum ersten Mal herausfordere, sehr zu schätzen. Hab Euch lieb.

Kristin, Du bist ein Schatz, erschreckend weise und versiert für Dein Alter. Willst Du nicht mal Bundeskanzlerin werden?

Thomas, liebe Grüße nach Dresden! Dein autobiografisches Buch übers Erwachsenwerden in der DDR ist berührend und unbedingt lesenswert. Deine Töchter werden es sehr zu schätzen wissen. Ich tue es jetzt schon.

Josef und Katharina, ihr Wessis im Osten! Ich bewundere Eure Bereitschaft, auch die schwierigen Fragen des Lebens gedanklich immer wieder neu anzupacken.

Tim, Du hast zwar keine Lust mehr, über den Osten zu reden, aber wenn man Dich fragt, dann seufzt Du, und dann kommt doch immer etwas verblüffend Schlaues.

Susanne, lasst uns den Ostfrauen-Abend unbedingt wiederholen, die westdeutschen Männer dürfen auch kommen.

Peter, Du weißt nicht nur alles über Hertha BSC und die Ostrente, Du bist auch ein unbestechlicher Zeitzeuge und Experte für alles. Und Du willst immer wissen, wie es wirklich ist.

Andreas, Du bist unerbittlich unsentimental und doch immer bereit, um den Tisch rumzugehen. Marie, ich wünschte, ich wäre in Deinem Alter schon so klug gewesen.

Rebekka, Du coole Agentin, und Ilka, Du urteilssichere Lektorin, Ihr seid kluge, kritische und wahnsinnig schnelle Leserinnen.

Andreas Ulrich, Gesine, Heiko, Lisa, Marie, Sebastian, Ullrich und Ihr anderen alle – es war verblüffend und berührend, wie bereitwillig Ihr Euch auf die Fragen eingelassen habt, wie schnell und umfassend Ihr Euch erinnert, Einschätzungen abgegeben habt und Irrtümern entgegengetreten seid.

Danke.

QUELLEN

S. 17   **als Geschwür am Körper:** Dirk Oschmann: Der
Osten: eine westdeutsche Erfindung. Wie die Kon-
struktion des Ostens unsere Gesellschaft spaltet,
Berlin 2023, S. 22

S. 18   **ganz zuversichtlich, dass die AfD:** Pressekonferenz
von Bundeskanzler Scholz zu aktuellen Themen
der Innen- und Außenpolitik, Bundespressekon-
ferenz, 17. 7. 2023, https://www.bundesregierung.
de/breg-de/aktuelles/pressekonferenz-von-
bundeskanzler-scholz-zu-aktuellen-themen-der-
innen-und-aussenpolitik-2202682

S. 42   **die Kombination aus Ostfrau und Westmann:** Bun-
desinstitut für Bevölkerungsforschung: Pres-
semitteilung vom 5. November 2019, »Immer
mehr Ost-West-Paare im vereinten Deutschland« (https://www.bib.bund.de/DE/Presse/
Mitteilungen/2019/pdf/2019-09-Immer-mehr-Ost-
West-Paare-im-vereinten-Deutschland.pdf?__
blob=publicationFile&v=2)

S. 64   **Jahrzehntelang hatten sie:** Richard Schröder: Die
wichtigsten Irrtümer über die deutsche Einheit,
Freiburg 2007, S. 124

S. 64   **Was hat die Regelüberprüfung:** Ilko-Sascha
Kowalczuk: »Und was hast du bis 1989 getan?«,

in: *Süddeutsche Zeitung*, 22.10.2018 (https://
www.sueddeutsche.de/kultur/ddr-geschichte-
aufarbeitung-1.4179958)

S. 77 **als Deutscher im geteilten Deutschland:** Richard Schröder in: »Peinlich, daneben und anmaßend«, in: *Die
Zeit* 33 / 2019

S. 81 **Haben wir was falsch gemacht?:** *Hart aber fair*, ARD,
24.10.2022

S. 87 **Wenn es gute Gründe für:** Schröder, a. a. O., S. 156

S. 91 **möglicherweise das einzige:** Steffen Mau: Lütten
Klein. Leben in der ostdeutschen Transformationsgesellschaft, Berlin 2019, S. 55

S. 91 **Wir haben nach wie vor:** Carsten Schneider in:
»Manchmal frage ich mich, ob man mich befördern würde«, in: *Die Zeit* 05 / 2023

S. 94 **Menschen meiner Generation:** Angela Merkel: Rede
anlässlich des Festakts zum Tag der Deutschen
Einheit am 3. Oktober 2021 in Halle / Saale, bun-
desregierung.de (https://www.bundesregierung.de/
breg-de/suche/rede-von-bundeskanzlerin-merkel-
anlaesslich-des-festakts-zum-tag-der-deutschen-
einheit-am-3-oktober-2021-in-halle-saale-1964938)

S. 94 **Sie, die als Fünfunddreißigjährige:** Thomas Brechenmacher: Die CDU unter Angela Merkel
(2000–2018), in: Norbert Lammert (Hrsg.): Christlich-Demokratische Union. Beiträge und Positionen zur Geschichte der CDU, Berlin 2020, S. 125

S. 94 **Die DDR-Biografie, also:** Angela Merkel: Rede
anlässlich des Festakts zum Tag der Deutschen
Einheit am 3. Oktober 2021, a. a. O.

S. 94 Ich erzähle das hier nicht: ebd.

S. 95 Ich muss ganz ehrlich sagen: Angela Merkel: Pressekonferenz von Bundeskanzlerin Merkel und
dem österreichischen Bundeskanzler Faymann,
15. 9. 2015 (https://cvd.bundesregierung.de/cvd-de/
pressekonferenzen-briefings/pressekonferenz-von-
bundeskanzlerin-merkel-und-dem-oesterreichi
schen-bundeskanzler-faymann-844442)

S. 95 dass sie keine geborene: Thomas Schmid, »Kanzlerin
ohne Geheimnis. Angela Merkel vor ihrem letzten
Amtsjahr«, in: *Die Welt*, 26. 12. 2020 (https://schmid.
welt.de/2020/12/26/kanzlerin-ohne-geheimnis-
angela-merkel-vor-ihrem-letzten-amtsjahr/)

S. 95 Keine geborene, sondern angelernte: Angela Merkel:
Rede anlässlich des Festakts zum Tag der Deutschen Einheit am 3. Oktober 2021, a. a. O.

S. 98 Durchschnittseinkommen in den Kreisen: »Was man
in Deutschland wo verdient«, in: *Zeit Online*,
6. 9. 2022 (https://www.zeit.de/arbeit/2022-09/
gemeinde-gehalt-deutschland-vergleich-daten-
entwicklung?utm_referrer=https%3A%2F%2F
www.google.com%2F)

S. 105 hatte tiefgreifende: Ivan Krastev und Stephen Holmes: Das Licht, das erlosch. Eine Abrechnung, Berlin 2019, S. 53

S. 105 Der Exodus junger: ebd.

S. 110 damit mich der Genosse: Thomas Bärsch: Das große
Ganze im vielen Kleinen, Dresden 2017, S. 192

S. 112 In der DDR hatten wir nur wenig: zitiert nach: Amelie
Fromm: »Dieser Honk«: Rammsteins »DDR-Nos-

talgie« nervt Ilko-Sascha Kowalczuk, in: *rolling-stone.de*, 6.1.2023 (https://www.rollingstone.de/dieser-honk-rammsteins-ddr-nostalgie-nervt-ilko-sascha-kowalczuk-2539313/)

S. 112 dämlich: zitiert nach: ebd.

S. 112 Man hat sich mit den unmöglichsten Leuten: »Ich bin nun mal diktaturgeschädigt«, Interview mit Ilko-Sascha Kowalczuk, in: *Frankfurter Allgemeine Zeitung*, 23.5.2023 (https://www.faz.net/aktuell/gesellschaft/menschen/historiker-gegen-ddr-verklaerung-ich-bin-nun-mal-diktaturgeschaedigt-18905160.html)

S. 114 Es wurde nicht das Ziel verfolgt: Deutscher Bundestag, Drucksache DS 13/2280, S. 168

S. 114 in der DDR wurde das Telefonnetz: Schröder, a. a. O., S. 249

S. 118 Es war für mich fast wie ein Sport: Bärsch, a. a. O., S. 157

S. 128 Wir waren also einerseits: Ralf Fücks: Das Wetter vor 25 Jahren. Die Grünen und die Wiedervereinigung. *Boell.de*, 23.9.2015 (https://www.boell.de/de/2015/09/23/das-wetter-vor-25-jahren-die-gruenen-und-die-wiedervereinigung)

S. 139 Das Regime hat fast ein halbes Jahrhundert: Arnulf Baring: Deutschland, was nun? Ein Gespräch mit Dirk Rumberg und Wolf-Jobst Siedler, München 1991, S. 59

S. 141 Anschluss der DDR: Baring, a. a. O., S. 9

S. 141 Welche Erwägungen: Baring, a. a. O., S. 11

S. 142 als Mängelwesen: Mau, a. a. O., S. 140

S. 145 Entdeckungen überall: Baring, a. a. O., S. 47

S. 145 wo zumindest wir norddeutschen Protestanten: ebd.

S. 147 Es gibt bei vielen Ostdeutschen: Joachim Gauck in »Es gibt in der Demokratie keine Verurteilung zur Ohnmacht«, in: *Sächsische Zeitung*, 11. 12. 2015 (https://www.saechsische.de/plus/es-gibt-in-der-demoratie-keine-verurteilung-zur-ohnmacht-3274384.html)

S. 148 Das kommt daher: Ilko-Sascha Kowalczuk: »Wir brauchen eine neue Aufarbeitung Ost«, in: *Sächsische Zeitung*, 10. 12. 2018 (https://www.saechsische.de/plus/wir-brauchen-eine-neue-aufarbeitung-ost-ddr-stasi-kowalczuk-5009927.html)

S. 149 Wir hatten total gut gelernt: Gauck, a. a. O.

S. 149 Eine von unten getragene Artikulation: Mau, a. a. O., S. 103

S. 150 Wenn man von Kindesbeinen an: Gauck, a. a. O.

S. 150 Ich kenne viele: Gauck, ebd.

S. 151 Diese Gefühle: Gauck, ebd.

S. 184 der kulturelle Fußabdruck: Valerie Schönian: Ostbewusstsein. Warum Nachwendekinder für den Osten streiten und was das für die Deutsche Einheit bedeutet, München 2020, S. 68

S. 188 vollziehen sich nicht im Selbstlauf: Werner Schulz, Rede zum Festakt vom 9. Oktober 2009 in Leipzig (https://www.mdr.de/geschichte/ddr/deutsche-einheit/mauerfall/werner-schulz-rede-leipzig-friedliche-revolution-100.html)

S. 195 unglaublichen Zorn über: Dirk Oschmann, in: »Wird der Osten unterdrückt?«, in: *Die Zeit* 14 / 2023,

3. 4. 2023 (https://www.zeit.de/2023/14/der-osten-dirk-oschmann-carsten-schneider)

S. 196 **aggressives Selbstmitleid:** Wolf Biermann, in: »Aggressives Selbstmitleid«, in: *Tagesspiegel,* 30. 6. 2023 (https://www.tagesspiegel.de/kultur/aggressives-selbstmitleid-wolf-biermann-bescheinigt-den-ostdeutschen-chronische-seelenschaden-10073869.html)

S. 197 **Es wird sich im Westen Deutschlands:** Cornelius Pollmer: »Los Wochos in Lostdeutschland«, in: *Süddeutsche Zeitung,* 1. 3. 2023 (https://www.sued-deutsche.de/kultur/oschmann-ost-west-debatte-sachbuch-1.5759991?reduced=true)

S. 198 **an der toxischen Beziehung:** ebd.

S. 203 **beschämend und abstoßend:** Angela Merkel in Heidenau – »Beschämend und abstoßend, was wir hier erleben mussten«, *Welt Nachrichten-sender,* 26. 8. 2015 (https://www.youtube.com/watch?v=baXQGftsKi0)

S. 203 **keine Toleranz:** ebd.

S. 203 **Du dumme:** »Du blöde Schlampe, zeig dein häss-liches Gesicht!«, zitiert nach: *Stern.de,* 28. 8. 2015 (https://www.stern.de/politik/deutschland/video--angela-merkel-in-heidenau-beleidigt-6423496.html)

S. 204 **aufgrund der jahrzehntelangen Abschottung:** Mau, a. a. O., S. 98

S. 205 **aus politischen Gründen:** Michael Kohlstruck: Rechte Gewalt in Ost und West, Bundeszentrale für poli-tische Bildung, Deutschlandarchiv (https://www.

bpb.de/themen/deutschlandarchiv/270811/rechte-gewalt-in-ost-und-west/)

S. 205 **für ein politisches Ost-Bashing:** ebd.

S. 208 **Es trifft so viele:** dpa Sachsen, 14. 10. 2020

S. 213 **fassungslos:** Gabriele Krone Schmalz: »Putin-Kennerin Gabriele Krone-Schmalz: ›Ich habe mich geirrt‹«, in: *Berliner Zeitung,* 27. 2. 2022 (https://www.berliner-zeitung.de/welt-nationen/putin-kennerin-gabriele-krone-schmalz-ich-habe-mich-geirrt-li.214288)

S. 229 **zu verordnen:** Lukas Rietzschel: »Keine Zeit für schöne Worte mehr«, in: *Frankfurter Allgemeine Zeitung,* 6. 9. 2023, S. 9

S. 233 **die persönlichen Umbrüche:** Frank-Walter Steinmeier, Interview mit der Tageszeitung *Der Tagesspiegel,* 9. 11. 2019 (https://www.bundespraesident.de/SharedDocs/Reden/DE/Frank-Walter-Steinmeier/Interviews/2019/191109-Tagesspiegel-Interview.html)

S. 235 **Aber wir nehmen Systeme:** David Brooks: »What if We're the Bad Guys Here?«, in: *The New York Times,* 2. 8. 2023

S. 238 **Wenn Sie eine farbige Person:** Marc Hetherington zitiert nach David Brooks: »What if We're the Bad Guys Here?«, a. a. O.

S. 238 **veränderungserschöpft:** Steffen Mau im Interview »Teile der Gesellschaft sind veränderungser-schöpft«, Sueddeutsche.de, 1. 9. 2023 (https://www.sueddeutsche.de/politik/steffen-mau-interview-ampel-klima-reformen-1.6183681?reduced=true)

LITERATURVERZEICHNIS

Bangel, Christian: #baseballschlägerjahre. Ein Hashtag und seine Geschichten, in: *Aus Politik und Zeitgeschichte/Bpb.de* (https://www.bpb.de/shop/zeitschriften/apuz/rechte-gewalt-in-den-1990er-jahren-2022/515769/baseballschlaegerjahre/)

Baring, Arnulf: Deutschland, was nun? Ein Gespräch mit Dirk Rumberg und Wolf-Jobst Siedler, München 1991

Bärsch, Thomas: Das große Ganze im vielen Kleinen, Dresden 2017

Der Beauftragte der Bundesregierung für Ostdeutschland (Hrsg.): Ostdeutsche in Führungspositionen. Bundeskonzept zur Steigerung des Anteils von Ostdeutschen in Führungspositionen der Bundesverwaltung, Berlin 2023 (https://www.ostbeauftragter.de/resource/blob/2038516/2160276/cccb2bf342acea3c12e9d6983d487519/bundeskonzept-data.pdf?download=1)

Beckmann, Reinhold: Aenne und ihre Brüder. Die Geschichte meiner Mutter, Berlin 2023

Brasch, Marion: Ab jetzt ist Ruhe. Roman meiner fabelhaften Familie, Frankfurt/Main 2013

Brechenmacher, Thomas: Die CDU unter Angela Merkel (2000–2018), in: Norbert Lammert (Hrsg.): Christlich-Demokratische Union. Beiträge und Positionen zur Geschichte der CDU, Berlin 2020

Dohnanyi, Klaus von: Nationale Interessen. Orientierung für deutsche und europäische Politik in Zeiten globaler Umbrüche, München 2022

Gross, Martin: Das letzte Jahr. Aufzeichnungen aus einem ungültigen Land, Leipzig 2020

Hensel, Jana: Zonenkinder, Hamburg 2002

Krastev, Ivan und **Holmes,** Stephen: Das Licht, das erlosch. Eine Abrechnung, Berlin 2019

Mau, Steffen: Lütten Klein. Leben in der ostdeutschen Transformationsgesellschaft, Berlin 2019

Merkel, Angela: Rede anlässlich des Festakts zum Tag der Deutschen Einheit am 3. Oktober 2021 in Halle/Saale, bundesregierung.de (https://www.bundesregierung.de/breg-de/suche/rede-von-bundeskanzlerin-merkel-anlaesslich-des-festakts-zum-tag-der-deutschen-einheit-am-3-oktober-2021-in-halle-saale-1964938)

Mükke, Lutz: 30 Jahre staatliche Einheit – 30 Jahre mediale Spaltung, Frankfurt/Main 2021

Oschmann, Dirk: Der Osten: eine westdeutsche Erfindung. Wie die Konstruktion des Ostens unsere Gesellschaft spaltet, Berlin 2023

Rabe, Anne: Die Möglichkeit von Glück, Stuttgart 2023

Richter, Peter: 89/90, München 2015

Schönian, Valerie: Ostbewusstsein. Warum Nachwendekinder für den Osten streiten und was das für die Deutsche Einheit bedeutet, München 2020

Schröder, Richard: Die wichtigsten Irrtümer über die deutsche Einheit, Freiburg 2007

Ulrich, Andreas: Die Kinder von der Fischerinsel, Berlin 2021

Ulrich, Andreas: Torstraße 94: Berliner Orte, Berlin 2023

1. Auflage 2024

© 2024, Verlag Kiepenheuer & Witsch, Köln
Alle Rechte vorbehalten
Die Nutzung unserer Werke für Text- und Data-Mining
im Sinne von § 44b UrhG behalten wir uns explizit vor.
Covergestaltung Miriam Bloching
Covermotiv © Urban Zintel
Gesetzt aus der Minion Pro und der Mendl Sans Dusk
Satz Wilhelm Vornehm, München
Druck und Bindung GGP Media GmbH, Pößneck

ISBN 978-3-462-00531-8